LA GUIDA DEFINITIVA ALLA DIETA CARNIVORA

100 RICETTE FACILI A BASE DI CARNE

ORABELLA PISANI

Tutti i diritti riservati.

Disclaimer

Le informazioni contenute in questo eBook intendono servire come una raccolta completa di strategie su cui l'autore di questo eBook ha svolto ricerche. Riassunti, strategie, suggerimenti e trucchi sono solo raccomandazioni dell'autore e la lettura di questo eBook non garantisce che i propri risultati rispecchino esattamente i risultati dell'autore. L'autore dell'eBook ha compiuto ogni ragionevole sforzo per fornire informazioni aggiornate e accurate ai lettori dell'eBook. L'autore e i suoi associati non saranno ritenuti responsabili per eventuali errori o omissioni non intenzionali che potrebbero essere trovati. Il materiale contenuto nell'eBook può includere informazioni di terzi. I materiali di terze parti comprendono opinioni espresse dai loro proprietari. In quanto tale, l'autore dell'eBook non si assume alcuna responsabilità per materiale o opinioni di terzi.

L'eBook è copyright © 2022 con tutti i diritti riservati. È illegale ridistribuire, copiare o creare lavori derivati da questo eBook in tutto o in parte. Nessuna parte di questo rapporto può essere riprodotta o ritrasmessa in alcun modo riprodotta o ritrasmessa in qualsiasi forma senza l'autorizzazione scritta espressa e firmata dall'autore.

SOMMARIO

- SOMMARIO 3
- **INTRODUZIONE** 7
  - Cos'è una dieta carnivora? 7
  - Quali sono i vantaggi di una dieta carnivora? 8
- **CARNE ROSSA** 9
  1. Salsiccia per colazione 10
  2. Panino da colazione carnivoro 13
  3. Casseruola per la colazione con pancetta e salsiccia 16
  4. Bistecche Di Rib Eye In padella 19
  5. Uova Scozzesi 22
  6. Polpette Al Formaggio 24
  7. Bistecca Nuggets 26
  8. braciole d'agnello grigliate 29
  9. Cosciotto di agnello arrosto 32
  10. Brodo di ramen di maiale 34
  11. Filetto di maiale in padella 37
  12. Uova al forno carnivore 39
  13. Pancetta di maiale brasata 41
  14. Pomodoro e manzo saltati in padella 44
  15. Manzo e Broccoli 48
  16. Manzo al pepe nero saltato in padella 51
  17. Manzo mongolo 54
  18. Manzo di Sichuan con sedano e carote 57
  19. Tazze di lattuga di manzo Hoisin 61
  20. Costolette Di Maiale Fritte Con Cipolla 64
  21. Carne di maiale alle cinque spezie con cavolo cinese 68

22.	SALSA IN PADELLA DI MAIALE HOISIN	71
23.	PANCETTA DI MAIALE COTTA DUE VOLTE	74
24.	MAIALE MU SHU CON FRITTELLE IN PADELLA	78
25.	COSTINE DI MAIALE CON SALSA DI FAGIOLI NERI	83
26.	AGNELLO MONGOLO SALTATO IN PADELLA	86
27.	AGNELLO CON ZENZERO E PORRI	89
28.	MANZO AL BASILICO TAILANDESE	92
29.	MAIALE CINESE ALLA GRIGLIA	94
30.	PANINI DI MAIALE AL BARBECUE AL VAPORE	97
31.	PANCETTA DI MAIALE ARROSTO ALLA CANTONESE	101

CARNE BIANCA 105

32.	ZUPPA CREMOSA DI POLLO ALL'AGLIO	106
33.	ALI DI POLLO	108
34.	PETTI DI POLLO SALTATI IN PADELLA SEMPLICI	110
35.	COSCE DI POLLO CROCCANTI	112
36.	PEPITE DI POLLO CARNIVORO	114
37.	POLPETTE DI PANCETTA AFFUMICATA	117
38.	SALSA DI POLLO CON PANCETTA	119
39.	POLPETTE DI PEPERONI	121
40.	COSCE DI POLLO IN CROSTA DI PARMIGIANO	123
41.	POLLO AL BURRO DI AGLIO	126
42.	BOCCONCINI DI POLLO AVVOLTI CON PANCETTA ALL'AGLIO	129
43.	PINCHOS DE POLLO (KEBAB)	131
44.	CIALDE CARNIVORE	134
45.	PATATINE FRITTE CARNIVORE	136
46.	COSCE DI POLLO ALLA GRIGLIA CON MARINATA DI AGLIO	138
47.	POLLO KUNG PAO	140
48.	POLLO AI BROCCOLI	143
49.	POLLO CON SCORZA DI MANDARINO	146

50.	Pollo agli anacardi	150
51.	Pollo e verdure con salsa di fagioli neri	153
52.	Pollo Di Fagioli Verdi	157
53.	Pollo in salsa di sesamo	160
54.	Pollo in agrodolce	164
55.	Moo Goo Gai Pan	168
56.	Egg Foo Yong	172
57.	Salsa in padella con uova di pomodoro	175
58.	Gamberetti e uova strapazzate	178
59.	Crema pasticcera salata all'uovo al vapore	181
60.	Ali di pollo fritte cinesi da asporto	184
61.	Pollo tailandese al basilico	187

PESCE E FRUTTI DI MARE 189

62.	Bocconcini di salmone e crema di formaggio	190
63.	Filetti Di Pesce Al Forno	192
64.	torta al salmone	194
65.	Aragosta spezzata alla griglia	196
66.	Brodo di lische di pesce	198
67.	Gamberetti Al Burro Di Aglio	200
68.	Gambero grigliato	203
69.	Merluzzo saltato in padella con ghee all'aglio	205
70.	Gamberetti sale e pepe	207
71.	Gambero ubriaco	210
72.	Gamberetti saltati in padella alla Shanghai	213
73.	Gambero Noce	216
74.	Capesante Vellutate	220
75.	Frutti di mare e verdure saltate in padella con noodles	223
76.	Pesce intero al vapore con zenzero e scalogno	227
77.	Pesce saltato in padella con zenzero e cavolo cinese	231

78.	Cozze in salsa di fagioli neri	234
79.	Granchio Al Cocco Al Curry	237
80.	Calamari Al Pepe Nero Fritti	240
81.	Ostriche Fritte con Confetti Chili-Aglio	243
82.	Friggitrice ad aria gamberetti al cocco	246
83.	Friggitrice ad aria con gamberi al limone e pepe	249
84.	Gamberetti avvolti nella pancetta	251
85.	Incredibili gusci di granchio	253
86.	Funghi Ripieni Di Gamberi	255
87.	Ceviche americano	257
88.	Gnocchi Di Maiale E Gamberi	259
89.	Antipasto Spiedini Di Gamberetti	261
90.	Cocktail di gamberi messicani	263

CARNE D'ORGANO 266

91.	Lingua di manzo in padella	267
92.	Kebab di fegato marocchini	269
93.	Quiche carnivore	272
94.	Cuore di manzo facile	274
95.	Torta carnivora	276
96.	Bocconcini di rene di manzo facili	279
97.	Hamburger di manzo e fegato di pollo	281
98.	Cuori Di Pollo	283
99.	Midollo osseo arrostito	285
100.	Patè Di Fegato Di Pollo	287

CONCLUSIONE 289

INTRODUZIONE

Cos'è una dieta carnivora?

È una dieta basata su cibi animali densi di nutrienti e sazianti. Le proteine ei grassi animali, gli alimenti più nutrienti e facilmente digeribili per l'uomo del pianeta, vengono consumati ad ogni pasto. Una dieta carnivora è la dieta di eliminazione definitiva, fornendo tutto ciò di cui il corpo ha bisogno rimuovendo tutti i potenziali irritanti. Mangia le bistecche sulle torte!

La dieta dei carnivori potrebbe essere un concetto relativamente nuovo per te, ma si basa su un protocollo alimentare che risale ai nostri antenati cavernicoli. La dieta dei carnivori, come suggerisce il nome, è prevalentemente a base di carne. Sei libero di consumare tutti i cibi animali come carne, frutti di mare, uova e alcuni latticini in quantità limitata. Finché ti attieni a questo protocollo, puoi ottenere i diversi benefici offerti da questa dieta. Se vuoi perdere peso, migliorare la tua salute generale, sentirti energico e rafforzare i muscoli, questa dieta ti aiuterà.

Quali sono i vantaggi di una dieta carnivora?

A. Digestione migliorata

B. Infiammazione ridotta

C. Cognizione migliorata

D. Perdita di peso rapida

E. Miglioramento dell'equilibrio ormonale

F. Miglioramento delle prestazioni fisiche

G. Migliore salute della pelle

H. La fame ridotta richiede pasti e spuntini frequenti

I. Il cibo diventa carburante, non intrattenimento

CARNE ROSSA

1. Salsiccia per colazione

porzioni: 12

ingredienti:

- 1 ½ libbra di maiale o manzo macinato o una miscela di entrambi
- ¾ cucchiaino di prezzemolo secco
- ½ cucchiaino di pepe
- ¼ cucchiaino di peperoncino tritato
- 2 cucchiai di grasso di pancetta o burro chiarificato o strutto
- 1 ½ cucchiaino di sale o a piacere
- ½ cucchiaino di salvia secca
- ¼ cucchiaino di semi di finocchio
- ½ cucchiaino di coriandolo macinato

Indicazioni:

a) Aggiungere la carne, il sale, le erbe secche e le spezie in una ciotola e mescolare bene.
b) Fare 12 polpette e farle saltare in padella con il grasso della pancetta. Cuocere fino a quando non diventa marrone.
c) Girate le polpette e cuocetele bene da entrambi i lati.
d) Togliere le polpette e adagiarle su carta assorbente.
e) Cuocere allo stesso modo le restanti salsicce.
f) Puoi congelare queste polpette di salsiccia. Per questo, una volta che le salsicce si saranno raffreddate, trasferitele su una teglia e congelatele fino a quando saranno solide.

g) Rimuovere le salsicce surgelate dalla teglia e metterle in sacchetti per congelatore. Puoi congelare le salsicce per un massimo di 6 mesi.
h) Se non volete congelarli mettete le salsicce in frigorifero in un contenitore ermetico. Utilizzare entro 5 - 6 giorni.

2. Panino da colazione carnivoro

porzioni: 2

ingredienti:

- 4 polpette di salsiccia
- 2 fette di formaggio cheddar (2 once)
- 2 uova
- 2 cucchiaini di burro o grasso di pancetta
- Sale e pepe a piacere

Indicazioni:
a) Appiattire le polpette a uno spessore di circa ½ pollice.
b) Metti una padella a fuoco medio. Aggiungi 1 cucchiaino di burro. Quando il burro si sarà sciolto, mettete le polpette nella padella.
c) Cuocere fino a doratura sul lato inferiore. Girate le polpette e fate cuocere bene anche dall'altro lato.
d) Togliere le polpette dalla padella aiutandosi con un mestolo forato e metterle da parte su strati di carta assorbente a scolare.
e) Aggiungere un altro cucchiaino di burro nella padella. Una volta che il burro si sarà sciolto, rompete le uova nella padella. Cuocere le uova con il lato soleggiato. Condite le uova con sale e pepe.
f) Per fare il panino: Disporre 2 polpette su un piatto e adagiare un uovo su ogni tortino seguito da una fetta di formaggio. Completate il panino coprendolo con le restanti polpette e servite.

3. Casseruola per la colazione con pancetta e salsiccia

porzioni: 6 (4,3 once ciascuna)

ingredienti:

- 6 uova
- 6 fette di pancetta cotta sbriciolata
- 1 tazza di parmigiano grattugiato
- Salsicce da ¾ libbre
- 6 cucchiai di panna
- 1 cucchiaino di salsa piccante
- Condimenti a tua scelta

Indicazioni:
a) In una casseruola mettete un po' di grasso animale e ungetela bene.
b) Assicurati che il tuo forno sia preriscaldato a 350 ° F.
c) Mettere una padella con la salsiccia a fuoco medio. Cuocere fino a doratura. Devi sbriciolarlo mentre cuoce. Spegni il fuoco.
d) Aggiungere la pancetta e mescolare bene. Distribuire il composto di carne nella casseruola.
e) Cospargere ½ tazza di formaggio sulla carne.
f) Frullare le uova, la panna, la salsa piccante e i condimenti in un frullatore fino a ottenere un composto liscio.
g) Cospargete lo strato di carne e formaggio. Cospargere sopra il formaggio rimanente.
h) Cuocere la casseruola per circa 30 minuti o fino a quando non è ben cotta all'interno. Per controllare, inserire un coltello al centro della casseruola ed estrarlo

immediatamente. Se ci sono delle particelle sul coltello, infornare per qualche altro minuto.

i) Raffreddare per 10-12 minuti e servire.

4. Bistecche Di Rib Eye In padella

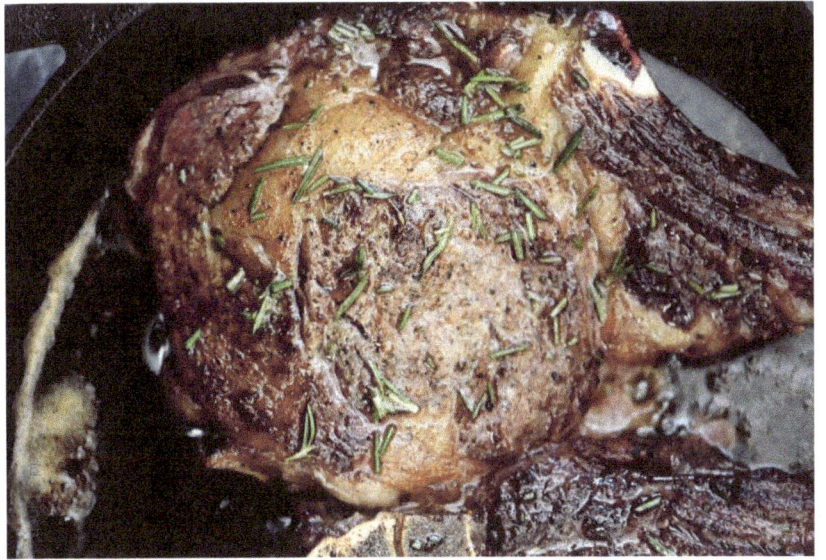

porzioni: 4 (4 once ciascuna)

ingredienti:

- 2 bistecche con l'osso (1 $\frac{1}{4}$ - 1 $\frac{1}{2}$ pollice di spessore)
- 4 cucchiaini di foglie di rosmarino fresco tritate finemente
- 2 cucchiai di olio d'oliva
- 2 cucchiaini di condimento Stone House o qualsiasi altro condimento a tua scelta
- 2 cucchiai di burro non salato

Indicazioni:
a) Cospargere il condimento su tutte le bistecche. Strofinalo bene.
b) Adagiatela su una teglia e cospargete di foglie di rosmarino.
c) Coprite la teglia con pellicola trasparente e mettetela in frigorifero. Rimarranno freschi fino a 3 giorni.
d) Togliere la teglia dal frigorifero 30 minuti prima della cottura e adagiarla sul piano di lavoro.
e) Metti una padella su fuoco medio-alto e lasciala scaldare. Aggiungere olio e burro e attendere che il burro si sciolga.
f) Metti le bistecche nella padella.
g) Per al sangue: cuocere per 2-3 minuti su entrambi i lati, in modo che la bistecca diventi dorata su tutti i lati. Spennellate le bistecche con il liquido mentre continua a cuocere.
h) Usando un paio di pinze (dietro la parte), premere la bistecca al centro. Quando sarà morbida, togliete la bistecca dalla padella e adagiatela su un tagliere.

i) Per la media: cuocere per 4 minuti o fino a quando la parte inferiore è leggermente dorata. Girare i lati una volta e cuocere l'altro lato per 4 minuti. Irrorate le bistecche con il liquido di cottura mentre cuoce.
j) Usando un paio di pinze, premere la bistecca al centro. Se è leggermente più sodo, togliere le bistecche dalla padella.
k) Per ben cotto: Cuocere per 5-6 minuti o fino a quando la parte inferiore non sarà ben dorata. Girare i lati una volta e cuocere l'altro lato per 5-6 minuti. Irrorate le bistecche con il liquido di cottura mentre cuoce.
l) Usando un paio di pinze (dietro la parte), premere la bistecca al centro. Se è molto soda, togliere le bistecche dalla padella.
m) Quando le bistecche saranno cotte a piacere, togliere le bistecche dalla padella e metterle su un tagliere.
n) Coprire la bistecca con un foglio e lasciarla riposare per 5 minuti.
o) Affettare contro il grano e servire.

5. Uova Scozzesi

porzioni: 3

ingredienti:
- 3 uova medie, sode, sbucciate
- 1 cucchiaino di erbe o spezie a scelta
- $\frac{1}{4}$ cucchiaino di sale o a piacere
- $\frac{1}{2}$ libbra di carne rossa macinata a scelta
- Pepe qb (facoltativo)

Indicazioni:

a) Preriscalda il forno a 350° F.
b) Asciugare le uova tamponando con un canovaccio.
c) Usa le spezie che preferisci. Alcuni suggerimenti sono curry in polvere, senape, prezzemolo, condimento italiano o Old Bay.
d) Utilizzare preferibilmente carne magra altrimenti la carne che ricopre l'uovo potrebbe staccarsi quando il grasso si scioglie.
e) Unisci la carne, il sale e il pepe in una ciotola. Dividere il composto in 3 parti uguali.
f) Prendete una porzione di carne e appiattitela con il palmo della mano. Mettere al centro un uovo e racchiudere l'uovo con la carne (come un gnocco). Disporre su una teglia unta.
g) Ripetere il passaggio precedente e fare le altre uova scotch.
h) Metti la teglia in forno e cuoci per circa 25-30 minuti o fino a doratura in superficie.

6. Polpette Al Formaggio

porzioni: 3 (4 polpette)

ingredienti:

- 1 oncia di cotiche di maiale
- Carne macinata da 1 libbra nutrita con erba
- ½ cucchiaino di sale marino rosa
- 1 ½ oncia di miscela di formaggio italiano grattugiato
- 1 grande uovo al pascolo
- ½ cucchiaio di strutto

Indicazioni:
a) Preparate una teglia foderandola con carta da forno. Preriscalda il forno a 350° F.
b) Unire in una ciotola la carne di manzo, le cotenne, il sale, l'uovo, il formaggio e il lardo. Fare 12 parti uguali del composto e formare delle palline. Metti le palline su una teglia.
c) Cuocere le polpette per circa 20-30 minuti. Girare le palline dopo circa 10-12 minuti di cottura. Quando le polpette saranno ben cotte, la temperatura interna al centro della polpetta dovrebbe essere di 60°C.
d) Puoi cuocere le polpette in una friggitrice ad aria se ne possiedi una. Girare le palline un paio di volte durante la cottura nella friggitrice ad aria.
e) Togliere le polpette dalla padella e servire.

7. Bistecca Nuggets

porzioni: 8

ingredienti:
- Bistecca di cervo o bistecca di manzo da 2 libbre, tagliata a pezzi
- Lardo, a piacere, da friggere
- 2 grandi uova al pascolo

Panatura
- 1 tazza di parmigiano grattugiato
- 1 cucchiaino di sale condito
- 1 tazza di panko di maiale

Indicazioni:
a) Sbattere le uova in una ciotola.
b) Aggiungere il panko di maiale, il sale e il parmigiano in una ciotola poco profonda e mescolare.
c) Per prima cosa, immergi i pezzi di bistecca nell'uovo, uno alla volta. Scolare il liquido in eccesso, passarlo nel composto di parmigiano e adagiarlo su un piatto.
d) Ripeti questo processo con i restanti pezzi di bistecca.
e) Versare abbastanza strutto in una padella profonda. Mettere la padella a fuoco medio e far scaldare lo strutto.
f) Quando l'olio viene riscaldato a circa 325 °F, immergi delicatamente alcuni pezzi di bistecca impanati nell'olio. Girare i pezzi di bistecca un paio di volte in modo che siano dorati in modo uniforme dappertutto.
g) Togliere la bistecca con una schiumarola e adagiarla su un piatto foderato con carta assorbente. Lasciar scolare per qualche minuto.

h) Cuocere i restanti pezzi di bistecca in modo simile (passaggi 6-7). Servire.

8. braciole d'agnello grigliate

porzioni: 4

ingredienti:

- 4 costolette di agnello (spesse ¾ di pollice)
- ½ cucchiaio di rosmarino fresco tritato finemente
- Sale a piacere
- 1 ½ cucchiaio di olio extravergine di oliva
- 2 spicchi d'aglio, sbucciati, tritati
- Pepe macinato fresco a piacere

Indicazioni:
a) In una ciotola aggiungete il rosmarino, il sale, l'olio, l'aglio e il pepe e mescolate bene.
b) Distribuire questo composto su tutte le costolette e metterlo in una ciotola. Lasciate marinare per circa 15 minuti.
c) Nel frattempo, prepara la griglia e preriscaldala a una temperatura medio-alta. Potete cuocerla anche in una padella antiaderente.
d) Per rari: cuocere per 2-3 minuti o fino a quando la parte inferiore non sarà leggermente dorata. Girare i lati una volta e cuocere l'altro lato per 2-3 minuti.
e) Per semi-al sangue: cuocere per 4 minuti o fino a quando la parte inferiore non sarà leggermente dorata. Girare i lati una volta e cuocere l'altro lato per 4 minuti.
f) Scolatele con una schiumarola e adagiatele su un piatto da portata foderato di carta da forno.
g) Servire dopo averlo fatto riposare per 5 minuti.

9. Cosciotto di agnello arrosto

porzioni: 6

ingredienti:
- 2 spicchi d'aglio, pelati, affettati
- Sale a piacere
- 2 ½ libbre di cosciotto di agnello
- Pochi rametti di rosmarino fresco
- Pepe qb

Indicazioni:
a) Preparare una teglia ungendola con un po' di grasso. Assicurati che il tuo forno sia preriscaldato a 350 ° F.
b) Fai alcune fessure su tutto l'agnello. Riempire le fessure con le fette di aglio.
c) Cospargete le cosce di agnello con una generosa quantità di sale e pepe.
d) Spargere nella padella qualche rametto di rosmarino e adagiarvi sopra le cosce di agnello. Cospargete anche le gambe con dei rametti di rosmarino.
e) Arrostire per circa 1 ora e 30 minuti o come preferite la cottura. Per la carne al sangue, la temperatura interna al centro della parte più spessa della carne dovrebbe essere di 60°C.

10.   Brodo di ramen di maiale

porzioni: 4

ingredienti:
- 1,1 libbre di ossa di maiale, senza carne, tagliate a pezzi grandi
- 2 ¾ libbre di zampe di maiale, solo la parte della coscia, tagliata a pezzi più piccoli
- 1 carcassa di pollo
- 5,3 once di pelle di maiale
- 7 ½ litri d'acqua e altro per sbollentare

Indicazioni:
a) Per sbollentare le ossa: prendere una pentola capiente. Metti gli zamponi di maiale e le ossa di maiale. Versare abbastanza acqua per coprire le ossa.
b) Metti la pentola a fuoco medio. Lasciamo bollire per circa 10 minuti. Togliere dal fuoco. Eliminate le ossa e tenete da parte.
c) Eliminare l'acqua e sciacquare bene la pentola.
d) Pulisci le ossa da eventuali coaguli di sangue e schiuma con un coltello affilato. Assicurati di rimuoverlo tutto.
e) Aggiungi 7,5 litri di acqua in una pentola capiente. Portare ad ebollizione. Aggiungi le ossa nella pentola. Inoltre, aggiungi la pelle di maiale.
f) Abbassate la fiamma e fate cuocere a fuoco lento.
g) Inizialmente, la feccia inizierà a fluttuare verso l'alto. Rimuovere la schiuma con un cucchiaio grande e scartarla. Taglia anche il grasso in eccesso.

h) Coprite la pentola con un coperchio e fate sobbollire per circa 12-15 ore. Lo stock si sarebbe ridotto di quantità e risulterà più denso e un po' torbido.
i) Togliere dal fuoco. Quando si sarà raffreddata, filtratela in un barattolo capiente con un colino a rete metallica.
j) Mettere in frigo per 5-6 giorni. Il brodo non utilizzato può essere congelato.
k) Per servire: scaldare bene. Aggiungere sale e pepe a piacere e servire.

11. Filetto di maiale in padella

porzioni: 4

ingredienti:
- 2 libbre di filetto di maiale, tagliato in quattro
- Sale e pepe a piacere
- 2 cucchiai di burro chiarificato o strutto

Indicazioni:
a) Metti una padella grande a fuoco medio. Aggiungere il grasso e farlo sciogliere.
b) Aggiungere la carne di maiale e cuocere per qualche minuto indisturbati. Girare e cuocere gli altri lati allo stesso modo fino a quando la temperatura interna della carne nella parte più spessa non raggiunge i 60°C.
c) Togliere il maiale dalla padella e posizionarlo sul tagliere. Quando sarà abbastanza fredda da poter essere maneggiata, tagliatela a fette spesse 1 pollice. Servire.

12.   Uova al forno carnivore

porzioni: 2

ingredienti:
- ½ cucchiaio di burro salato
- ½ cucchiaino di prezzemolo secco
- ¼ cucchiaino di paprika affumicata macinata
- 2 uova grandi
- 3,5 once di carne macinata
- ½ cucchiaino di cumino macinato
- Sale e pepe a piacere
- ¼ tazza di formaggio cheddar grattugiato

Indicazioni:
a) Preriscalda il forno a 400° F.
b) Versare il burro in una piccola padella antiaderente e metterlo a fuoco vivo e farlo sciogliere.
c) Aggiungere la carne di manzo e cuocere per un minuto, mescolando per tutto il tempo.
d) Unire la paprika, il sale, il pepe, il cumino e il prezzemolo. Rompere la carne mentre cuoce. Spegni il fuoco.
e) Disporre il composto di carne in modo uniforme, su tutta la padella. Fai 2 buchi nella padella. I fori dovrebbero essere abbastanza grandi da contenere un uovo.
f) Rompete un uovo ciascuno in ogni cavità.
g) Metti la padella nel forno e cuoci fino a quando le uova non saranno cotte come preferisci.

13.   Pancetta di maiale brasata

ingredienti:
- 3/4 libbre di pancetta magra di maiale, con la pelle
- 2 cucchiai di olio
- 1 cucchiaio di zucchero (è preferibile lo zucchero di roccia se ce l'hai)
- 3 cucchiai di vino shaoxing
- 1 cucchiaio di salsa di soia normale
- $\frac{1}{2}$ cucchiaio di salsa di soia scura
- 2 tazze d'acqua

Indicazioni:

a) Inizia tagliando la pancetta di maiale in pezzi spessi 3/4 di pollice.

b) Portare a bollore una pentola d'acqua. Sbollentare i pezzi di pancetta di maiale per un paio di minuti. Questo elimina le impurità e avvia il processo di cottura. Togliere il maiale dalla pentola, sciacquare e mettere da parte.

c) A fuoco basso, aggiungi l'olio e lo zucchero nel tuo wok. Sciogliere leggermente lo zucchero e aggiungere la carne di maiale. Alzare la fiamma a fuoco medio e cuocere fino a quando il maiale non sarà leggermente dorato.

d) Abbassa nuovamente il fuoco e aggiungi il vino da cucina shaoxing, la salsa di soia normale, la salsa di soia scura e l'acqua.

e) Coprire e cuocere a fuoco lento per circa 45 minuti a 1 ora fino a quando il maiale è tenero. Ogni 5-10 minuti, mescolate per evitare che brucino e aggiungete altra acqua se dovesse asciugarsi troppo.

f) Una volta che il maiale è tenero alla forchetta, se c'è ancora molto liquido visibile, scoprire il wok, alzare il fuoco e mescolare continuamente fino a quando la salsa non si sarà ridotta a una patina luccicante.

14. Pomodoro e manzo saltati in padella

ingredienti:
- Bistecca di fianco o gonna da ¾ libbra, tagliata controcorrente a fette spesse ¼ di pollice
- 1 cucchiaio e mezzo di amido di mais, diviso
- 1 cucchiaio di vino di riso Shaoxing
- Sale kosher
- Pepe bianco macinato
- 1 cucchiaio di concentrato di pomodoro
- 2 cucchiai di salsa di soia leggera
- 1 cucchiaino di olio di sesamo
- 1 cucchiaino di zucchero
- 2 cucchiai d'acqua
- 2 cucchiai di olio vegetale
- 4 fette di zenzero fresco sbucciate, ciascuna delle dimensioni di un quarto
- 1 scalogno grande, affettato sottilmente
- 2 spicchi d'aglio, tritati finemente
- 5 pomodori grandi, ciascuno tagliato in 6 spicchi

- 2 scalogni, la parte bianca e quella verde separate, affettati sottilmente

Indicazioni:
a) In una ciotolina, mescolare la carne con 1 cucchiaio di amido di mais, vino di riso e un pizzico di sale e pepe bianco. Mettere da parte per 10 minuti.

b) In un'altra ciotolina, mescola il restante ½ cucchiaio di amido di mais, concentrato di pomodoro, soia leggera, olio di sesamo, zucchero e acqua. Mettere da parte.

c) Scaldare un wok a fuoco medio-alto fino a quando una goccia d'acqua sfrigola ed evapora al contatto. Versare l'olio vegetale e agitare per ricoprire la base del wok. Condite l'olio aggiungendo lo zenzero e un pizzico di sale. Lasciare sfrigolare lo zenzero nell'olio per circa 30 secondi, mescolando delicatamente.

d) Trasferire la carne nel wok e saltare in padella per 3-4 minuti, fino a quando non sarà più rosa. Aggiungere lo scalogno e l'aglio e soffriggere per 1 minuto. Aggiungere i pomodori e gli albumi e continuare a soffriggere.

e) Unire la salsa e continuare a saltare in padella per 1 o 2 minuti, o fino a quando la carne di manzo e i pomodori non sono ricoperti e la salsa si è leggermente addensata.

f) Eliminate lo zenzero, trasferitelo su un piatto da portata e guarnite con lo scalogno. Servire caldo.

15. Manzo e Broccoli

ingredienti:
- Bistecca di gonna da ¾ libbra, tagliata trasversalmente alla grana in fette spesse ¼ di pollice
- 1 cucchiaio di bicarbonato di sodio
- 1 cucchiaio di amido di mais
- 4 cucchiai d'acqua, divisi
- 2 cucchiai di salsa di ostriche
- 2 cucchiai di vino di riso Shaoxing
- 2 cucchiaini di zucchero di canna chiaro
- 1 cucchiaio di salsa di hoisin
- 2 cucchiai di olio vegetale
- 4 fette di zenzero fresco sbucciate, delle dimensioni di un quarto
- Sale kosher
- Broccoli da 1 libbra, tagliati a cimette di dimensioni mordenti
- 2 spicchi d'aglio, tritati finemente

Indicazioni:

a) In una piccola ciotola, mescolate la carne e il bicarbonato per ricoprire. Mettere da parte per 10 minuti. Sciacquare molto bene la carne e poi asciugarla con carta assorbente.

b) In un'altra ciotolina, mescolare l'amido di mais con 2 cucchiai d'acqua e unire la salsa di ostriche, il vino di riso, lo zucchero di canna e la salsa di hoisin. Mettere da parte.

c) Scaldare un wok a fuoco medio-alto fino a quando una goccia d'acqua sfrigola ed evapora al contatto. Versare l'olio e girare per ricoprire la base del wok. Condite l'olio aggiungendo lo zenzero e un pizzico di sale. Lasciare sfrigolare lo zenzero nell'olio per circa 30 secondi, mescolando delicatamente. Aggiungere la carne di manzo nel wok e saltare in padella per 3-4 minuti, finché non sarà più rosa. Trasferite la carne in una ciotola e tenetela da parte.

d) Aggiungere i broccoli e l'aglio e saltare in padella per 1 minuto, quindi aggiungere i restanti 2 cucchiai d'acqua. Coprire il wok e cuocere a vapore i broccoli per 6-8 minuti, finché non saranno croccanti.

e) Rimetti la carne nel wok e aggiungi la salsa per 2 o 3 minuti, finché non sarà completamente ricoperta e la salsa si sarà leggermente addensata. Eliminate lo zenzero, trasferitelo su un piatto da portata e servite caldo.

16. Manzo al pepe nero saltato in padella

ingredienti:
- 1 cucchiaio di salsa di ostriche
- 1 cucchiaio di vino di riso Shaoxing
- 2 cucchiaini di amido di mais
- 2 cucchiaini di salsa di soia leggera
- Pepe bianco macinato
- ¼ cucchiaino di zucchero
- ¾ libbra di punte di filetto di manzo o punte di controfiletto, tagliate a pezzi da 1 pollice
- 3 cucchiai di olio vegetale
- 3 fette di zenzero fresco sbucciate, ciascuna delle dimensioni di un quarto
- Sale kosher
- 1 peperone verde, tagliato a strisce larghe ½ pollice
- 1 cipolla rossa piccola, tagliata a striscioline sottili
- 1 cucchiaino di pepe nero appena macinato, o più a piacere
- 2 cucchiaini di olio di sesamo

Indicazioni:

a) In una terrina mescolate insieme la salsa di ostriche, il vino di riso, l'amido di mais, la soia leggera, un pizzico di pepe bianco e lo zucchero. Mescolare la carne per ricoprire e marinare per 10 minuti.

b) Scaldare un wok a fuoco medio-alto fino a quando una goccia d'acqua sfrigola ed evapora al contatto. Versare l'olio vegetale e agitare per ricoprire la base del wok. Aggiungere lo zenzero e un pizzico di sale. Lasciare sfrigolare lo zenzero nell'olio per circa 30 secondi, mescolando delicatamente.

c) Usando una pinza, trasferisci la carne nel wok e scarta la marinata rimanente. Rosolare contro il wok per 1 o 2 minuti, o fino a quando non si sviluppa una crosta marrone scottata. Capovolgere la carne e rosolarla dall'altro lato, altri 2 minuti in più. Soffriggere, saltare e capovolgere nel wok per altri 1 o 2 minuti, quindi trasferire la carne in una ciotola pulita.

d) Aggiungere il peperone e la cipolla e soffriggere per 2 o 3 minuti, o finché le verdure non appaiono lucide e tenere. Rimetti la carne nel wok, aggiungi il pepe nero e fai saltare in padella per un altro minuto.

e) Eliminate lo zenzero, trasferitelo su un piatto da portata e cospargete di olio di sesamo. Servire caldo.

17. Manzo mongolo

ingredienti:
- 2 cucchiai di vino di riso Shaoxing
- 1 cucchiaio di salsa di soia scura
- 1 cucchiaio di amido di mais, diviso
- Bistecca di fianco da $\frac{3}{4}$ libbra, tagliata controcorrente a fette spesse $\frac{1}{4}$ di pollice
- $\frac{1}{4}$ tazza di brodo di pollo a basso contenuto di sodio
- 1 cucchiaio di zucchero di canna chiaro
- 1 tazza di olio vegetale
- 4 o 5 peperoncini cinesi rossi interi secchi
- 4 spicchi d'aglio, tritati grossolanamente
- 1 cucchiaino di zenzero fresco sbucciato e tritato finemente
- $\frac{1}{2}$ cipolla gialla, affettata sottilmente
- 2 cucchiai di coriandolo fresco tritato grossolanamente

Indicazioni:
a) In una terrina, mescolate il vino di riso, la soia scura e 1 cucchiaio di amido di mais. Aggiungere la bistecca tagliata a fette e mescolare per ricoprire. Mettere da parte e marinare per 10 minuti.

b) Versare l'olio in un wok e portarlo a 180° a fuoco medio-alto. Puoi dire che l'olio è alla giusta temperatura quando immergi l'estremità di un cucchiaio di legno nell'olio. Se l'olio bolle e sfrigola intorno ad esso, l'olio è pronto.

c) Sollevare la carne dalla marinata, riservando la marinata. Aggiungere la carne di manzo all'olio e friggere per 2 o 3 minuti, fino a quando non sviluppa una crosta dorata. Usando una schiumarola per wok, trasferisci la carne in una ciotola pulita e mettila da parte. Aggiungere il brodo di pollo e lo zucchero di canna nella ciotola della marinata e mescolare per unire.

d) Versare tutto tranne 1 cucchiaio di olio dal wok e metterlo a fuoco medio-alto. Aggiungere i peperoncini, l'aglio e lo zenzero. Lasciare sfrigolare gli aromi nell'olio per circa 10 secondi, mescolando delicatamente.

e) Aggiungere la cipolla e soffriggere per 1 o 2 minuti, o finché la cipolla non sarà morbida e traslucida. Aggiungere la miscela di brodo di pollo e mescolare per unire. Fate sobbollire per circa 2 minuti, quindi aggiungete la carne e mantecate il tutto per altri 30 secondi.

f) Trasferire su un piatto da portata, guarnire con il coriandolo e servire caldo.

18. Manzo di Sichuan con sedano e carote

ingredienti:
- 2 cucchiai di vino di riso Shaoxing
- 1 cucchiaio di salsa di soia scura
- 2 cucchiaini di olio di sesamo
- Bistecca di fianco o gonna da $\frac{3}{4}$ libbra, tagliata controcorrente a fette spesse $\frac{1}{4}$ di pollice
- 1 cucchiaio di salsa di hoisin
- 2 cucchiaini di salsa di soia leggera
- 2 cucchiaini d'acqua
- 2 cucchiai di amido di mais, divisi
- $\frac{1}{4}$ cucchiaino di polvere di cinque spezie cinesi
- 2 cucchiai di olio vegetale
- 1 cucchiaino di pepe di Sichuan, schiacciato
- 4 fette di zenzero fresco sbucciate, ciascuna delle dimensioni di un quarto
- 3 spicchi d'aglio, leggermente schiacciati
- 2 gambi di sedano, tagliati a julienne a strisce da 3 pollici
- 1 carota grande, sbucciata e tagliata a julienne a strisce da 3 pollici

- 2 scalogni, affettati sottilmente

Indicazioni:

a) In una terrina, mescolate il vino di riso, la soia scura e l'olio di sesamo. Aggiungere la carne e mescolare per unire. Mettere da parte per 10 minuti. In una piccola ciotola, unire la salsa di hoisin, la soia leggera, l'acqua, 1 cucchiaio di amido di mais e le cinque spezie in polvere. Mettere da parte.

b) Scaldare un wok a fuoco medio-alto fino a quando una goccia d'acqua sfrigola ed evapora al contatto. Versare l'olio vegetale e agitare per ricoprire la base del wok. Condire l'olio aggiungendo i grani di pepe, lo zenzero e l'aglio. Lasciare sfrigolare gli aromi nell'olio per circa 10 secondi, mescolando delicatamente.

c) Lancia la carne nel restante 1 cucchiaio di amido di mais per ricoprire e aggiungi al wok. Rosolare la carne contro il lato del wok per 1 o 2 minuti, o fino a quando non si sviluppa una crosta scottata di colore marrone dorato. Capovolgere e scottare dall'altro lato per un altro minuto. Mescolate e girate per altri 2 minuti circa, fino a quando la carne non sarà più rosa.

d) Spostare la carne ai lati del wok e aggiungere al centro il sedano e la carota. Saltare in padella, girare e girare finché le verdure non saranno tenere, altri 2 o 3 minuti. Mescolare la miscela di salsa hoisin e versare nel wok. Continuare a saltare in padella, ricoprire la carne e le verdure con la salsa per 1 o 2 minuti, fino a quando la salsa inizia ad addensarsi e diventa lucida. Eliminare lo zenzero e l'aglio e scartarli.

e) Trasferire su un piatto da portata e guarnire con lo scalogno. Servire caldo.

19. Tazze di lattuga di manzo Hoisin

ingredienti:
- ¾ libbra di carne macinata
- 2 cucchiaini di amido di mais
- Sale kosher
- Pepe nero appena macinato
- 3 cucchiai di olio vegetale, divisi
- 1 cucchiaio di zenzero sbucciato finemente tritato
- 2 spicchi d'aglio, tritati finemente
- 1 carota, sbucciata e tagliata a julienne
- 1 lattina (4 once) di castagne d'acqua a cubetti, scolate e sciacquate
- 2 cucchiai di salsa di hoisin
- 3 scalogni, la parte bianca e quella verde separate, affettati sottilmente
- 8 foglie di lattuga iceberg (o Bibb) larghe, tagliate a tazze rotonde pulite

Indicazioni:
a) In una ciotola, cospargete la carne di manzo con l'amido di mais e un pizzico di sale e pepe. Mescolare bene per unire.

b) Scaldare un wok a fuoco medio-alto fino a quando un filo d'acqua sfrigola ed evapora al contatto. Versate 2 cucchiai di olio e girate per ricoprire la base del wok. Aggiungere la carne e farla rosolare su entrambi i lati, quindi girare e capovolgere, rompendo la carne in sbriciolate e grumi per 3-4 minuti, finché la carne non sarà più rosa. Trasferite la carne in una ciotola pulita e tenetela da parte.

c) Pulisci il wok e fallo tornare a fuoco medio. Aggiungere il restante 1 cucchiaio di olio e soffriggere velocemente lo zenzero e l'aglio con un pizzico di sale. Non appena l'aglio è fragrante, aggiungi la carota e le castagne d'acqua per 2 o 3 minuti, finché la carota non diventa tenera. Abbassare il fuoco a fuoco medio, rimettere la carne nel wok e condirla con la salsa di hoisin e gli albumi di scalogno. Mescolare per unire, circa altri 45 secondi.

d) Stendere le foglie di lattuga, 2 per piatto, e dividere uniformemente il composto di manzo tra le foglie di lattuga. Guarnire con lo scalogno e mangiare come si farebbe con un taco morbido.

20. Costolette Di Maiale Fritte Con Cipolla

ingredienti:
- 4 costolette di maiale disossate
- 1 cucchiaio di vino Shaoxing
- ½ cucchiaino di pepe nero macinato fresco
- Sale kosher
- 3 tazze di olio vegetale
- 2 cucchiai di amido di mais
- 3 fette di zenzero fresco sbucciate, ciascuna delle dimensioni di un quarto
- 1 cipolla gialla media, affettata sottilmente
- 2 spicchi d'aglio, tritati finemente
- 2 cucchiai di salsa di soia leggera
- 1 cucchiaino di salsa di soia scura
- ½ cucchiaino di aceto di vino rosso
- zucchero

Indicazioni:
a) Battere le costolette di maiale con un batticarne fino a ottenere uno spessore di mezzo centimetro. Mettere in una

ciotola e condire con il vino di riso, il pepe e un pizzico di sale. Marinare per 10 minuti.

b) Versare l'olio nel wok; l'olio dovrebbe essere profondo da 1 a 1 ½ pollici. Portare l'olio a 375 ° F a fuoco medio-alto. Puoi dire che l'olio è alla giusta temperatura quando immergi l'estremità di un cucchiaio di legno nell'olio. Se l'olio bolle e sfrigola intorno ad esso, l'olio è pronto.

c) Lavorando in 2 lotti, ricoprire le costolette con l'amido di mais. Immergeteli delicatamente uno alla volta nell'olio e friggeteli per 5-6 minuti, finché non saranno dorati. Trasferire su un piatto foderato di carta assorbente.

d) Versare tutto tranne 1 cucchiaio di olio dal wok e metterlo a fuoco medio-alto. Condite l'olio aggiungendo lo zenzero e un pizzico di sale. Lasciare sfrigolare lo zenzero nell'olio per circa 30 secondi, mescolando delicatamente.

e) Soffriggere la cipolla per circa 4 minuti, fino a quando diventa traslucida e morbida. Aggiungere l'aglio e soffriggere per altri 30 secondi, o fino a quando non sarà fragrante. Trasferire nel piatto con le braciole di maiale.

f) Nel wok, versare la soia chiara, la soia scura, l'aceto di vino rosso e un pizzico di zucchero e mescolare per amalgamare. Portare a bollore e rimettere nel wok la cipolla e le braciole di maiale. Mescolare per unire quando la salsa inizia ad addensarsi leggermente. Togliere lo zenzero e scartare. Trasferite su un piatto da portata e servite subito.

21. Carne di maiale alle cinque spezie con cavolo cinese

ingredienti:
- 1 cucchiaio di salsa di soia leggera
- 1 cucchiaio di vino di riso Shaoxing
- 1 cucchiaino di polvere di cinque spezie cinesi
- 1 cucchiaino di amido di mais
- ½ cucchiaino di zucchero di canna chiaro
- ¾ libbra di maiale macinato
- 2 cucchiai di olio vegetale
- 2 spicchi d'aglio, sbucciati e leggermente schiacciati
- Sale kosher
- Bok choy da 2 a 3 teste, tagliato trasversalmente a bocconcini
- 1 carota, sbucciata e tagliata a julienne
- Riso cotto, per servire

Indicazioni:
a) In una terrina, mescolare insieme la soia leggera, il vino di riso, le cinque spezie in polvere, l'amido di mais e lo zucchero di canna. Aggiungere la carne di maiale e mescolare

delicatamente per unire. Mettere da parte a marinare per 10 minuti.

b) Scaldare un wok a fuoco medio-alto fino a quando una goccia d'acqua sfrigola ed evapora al contatto. Versare l'olio e girare per ricoprire la base del wok. Condire l'olio aggiungendo l'aglio e un pizzico di sale. Lasciare sfrigolare l'aglio nell'olio per circa 10 secondi, mescolando delicatamente.

c) Aggiungi la carne di maiale al wok e lasciala rosolare contro le pareti del wok per 1 o 2 minuti, o finché non si forma una crosta dorata. Capovolgere e scottare dall'altro lato per un altro minuto in più. Mescolare e girare per saltare in padella il maiale per altri 1 o 2 minuti, rompendolo in briciole e grumi fino a quando non sarà più rosa.

d) Aggiungere il cavolo cinese e la carota e mescolare e girare per unire al maiale. Continuare a saltare in padella per 2 o 3 minuti, fino a quando la carota e il cavolo cinese non saranno teneri. Trasferire su un piatto da portata e servire caldo con riso al vapore.

22. Salsa in padella di maiale Hoisin

ingredienti:
- 2 cucchiaini di vino di riso Shaoxing
- 2 cucchiaini di salsa di soia leggera
- ½ cucchiaino di pasta di peperoncino
- ¾ libbra di lonza di maiale disossata, affettata sottilmente a julienne
- 2 cucchiai di olio vegetale
- 4 fette di zenzero fresco sbucciate, ciascuna delle dimensioni di un quarto
- Sale kosher
- 4 once di taccole, tagliate a fettine sottili in diagonale
- 2 cucchiai di salsa di hoisin
- 1 cucchiaio d'acqua

Indicazioni:

a) In una ciotola, mescolate il vino di riso, la soia leggera e la pasta di peperoncino. Aggiungere il maiale e mescolare per ricoprire. Mettere da parte a marinare per 10 minuti.

b) Scaldare un wok a fuoco medio-alto fino a quando una goccia d'acqua sfrigola ed evapora al contatto. Versare l'olio e girare per ricoprire la base del wok. Condite l'olio aggiungendo lo zenzero e un pizzico di sale. Lasciare sfrigolare lo zenzero nell'olio per circa 30 secondi, mescolando delicatamente.

c) Aggiungere il maiale e la marinata e saltare in padella per 2 o 3 minuti, fino a quando non sarà più rosa. Aggiungere le taccole e far saltare in padella per circa 1 minuto, fino a quando saranno tenere e traslucide. Mescolare la salsa di hoisin e l'acqua per sciogliere la salsa. Continua a girare e girare per 30 secondi, o fino a quando la salsa non si sarà riscaldata e il maiale e le taccole non saranno ricoperti.

d) Trasferite su un piatto da portata e servite caldo.

23.   Pancetta di maiale cotta due volte

ingredienti:
- Pancetta di maiale disossata da 1 libbra
- ⅓ tazza di salsa di fagioli neri o salsa di fagioli neri acquistata in negozio
- 1 cucchiaio di vino di riso Shaoxing
- 1 cucchiaino di salsa di soia scura
- ½ cucchiaino di zucchero
- 2 cucchiai di olio vegetale, divisi
- 4 fette di zenzero fresco sbucciate, ciascuna delle dimensioni di un quarto
- Sale kosher
- 1 porro, tagliato a metà nel senso della lunghezza e tagliato in diagonale a fette da ½ pollice
- ½ peperone rosso, affettato

Indicazioni:
a) In una pentola capiente, mettete la carne di maiale e coprite con acqua. Portare la padella a bollore e poi ridurre a bollore. Cuocere a fuoco lento per 30 minuti o fino a quando il maiale è tenero e cotto. Aiutandosi con una schiumarola, trasferire la carne di maiale in una ciotola (scartare il liquido di

cottura) e lasciarla raffreddare. Mettere in frigo per diverse ore o tutta la notte. Una volta che il maiale è freddo, tagliatelo a fette sottili di ¼ di pollice e tenete da parte. Lasciare raffreddare completamente il maiale prima di affettarlo renderà più facile affettarlo sottilmente.

b) In un misurino di vetro, mescolare la salsa di fagioli neri, il vino di riso, la soia scura e lo zucchero e mettere da parte.

c) Scaldare un wok a fuoco medio-alto fino a quando una goccia d'acqua sfrigola ed evapora al contatto. Versare 1 cucchiaio di olio e girare per ricoprire la base del wok. Condite l'olio aggiungendo lo zenzero e un pizzico di sale. Lasciare sfrigolare lo zenzero nell'olio per circa 30 secondi, mescolando delicatamente.

d) Lavorando in lotti, trasferire metà della carne di maiale nel wok. Lascia rosolare i pezzi nel wok per 2 o 3 minuti. Capovolgere per rosolare dall'altro lato per altri 1 o 2 minuti in più, finché il maiale non inizia ad arricciarsi. Trasferire in una ciotola pulita. Ripeti con il maiale rimanente.

e) Aggiungere il restante 1 cucchiaio di olio. Aggiungere il porro e il peperoncino e saltare in padella per 1 minuto, fino a quando il porro è morbido. Amalgamare la salsa e saltare in padella fino a quando non sarà fragrante. Rimetti il maiale nella padella e continua a saltare in padella per altri 2 o 3 minuti, fino a quando tutto è appena cotto. Eliminate le fette di zenzero e trasferitele su un piatto da portata.

24. Maiale Mu Shu con frittelle in padella

ingredienti:
Per le frittelle

- $1\frac{3}{4}$ tazze di farina per tutti gli usi
- $\frac{3}{4}$ tazza di acqua bollente
- Sale kosher
- 3 cucchiai di olio di sesamo

Per il maiale mu shu

- 2 cucchiai di salsa di soia leggera
- 1 cucchiaino di amido di mais
- 1 cucchiaino di vino di riso Shaoxing
- Pepe bianco macinato
- Lonza di maiale disossata da $\frac{3}{4}$ libbra, affettata controcorrente in strisce larghe $\frac{1}{4}$ di pollice
- 3 cucchiai di olio vegetale
- 2 cucchiaini di zenzero fresco tritato finemente
- Sale kosher
- 1 carota grande, sbucciata e tagliata a julienne sottile a 3 pollici di lunghezza

- Da 6 a 8 funghi porcini freschi, tagliati a fettine sottili a julienne
- ½ cavolo cappuccio verde, tagliato a striscioline
- 2 scalogni, tagliati a ½ pollice di lunghezza
- 1 (4 once) lattina di germogli di bambù affettati, scolati e tagliati a julienne in strisce sottili
- ¼ tazza di salsa di prugne, per servire

Indicazioni:
Per fare le frittelle

a) In una ciotola capiente mescolate, aiutandovi con un cucchiaio di legno, la farina, l'acqua bollente e un pizzico di sale. Amalgamare il tutto fino a quando non diventa un impasto ispido. Trasferire l'impasto su un tagliere infarinato e impastare a mano per circa 4 minuti, o fino a che liscio. L'impasto sarà caldo, quindi indossa guanti monouso per proteggere le mani. Rimettere l'impasto nella ciotola e coprire con pellicola trasparente. Lasciar riposare per 30 minuti.

b) Modellate l'impasto in un tronco lungo 12 pollici stendendolo con le mani. Tagliate il tronco in 12 pezzi uguali, mantenendo la forma rotonda per creare dei medaglioni. Appiattire i medaglioni con i palmi delle mani e spennellare la superficie con l'olio di sesamo. Premere insieme i lati oliati, per creare 6 pile di pezzi di pasta raddoppiati.

c) Arrotolare ciascuna pila in un foglio sottile e rotondo, da 7 a 8 pollici di diametro. È meglio continuare a girare il pancake mentre arrotoli, per ottenere una magrezza uniforme su entrambi i lati.

d) Scaldare una padella di ghisa a fuoco medio-alto e cuocere le frittelle una alla volta per circa 1 minuto sul primo lato, fino a quando non diventa leggermente traslucida e inizia a formare delle bolle. Capovolgere per cuocere l'altro lato, altri 30 secondi. Trasferire la frittella su un piatto foderato con un canovaccio e separare con cura le due frittelle. Tienili coperti sotto l'asciugamano per rimanere al caldo mentre prosegui con le frittelle rimanenti. Mettere da parte fino al momento di servire.

Per fare il maiale mu shu

e) In una terrina, mescolare la soia leggera, l'amido di mais, il vino di riso e un pizzico di pepe bianco. Aggiungere la carne di maiale affettata e mescolare per ricoprire e marinare per 10 minuti.

f) Scaldare un wok a fuoco medio-alto fino a quando una goccia d'acqua sfrigola ed evapora al contatto. Versare l'olio vegetale e agitare per ricoprire la base del wok. Condite l'olio aggiungendo lo zenzero e un pizzico di sale. Lasciare sfrigolare lo zenzero nell'olio per circa 10 secondi, mescolando delicatamente.

g) Aggiungere il maiale e saltare in padella per 1 o 2 minuti, finché non sarà più rosa. Aggiungere la carota e i funghi e continuare a saltare in padella per altri 2 minuti, o finché la carota non sarà tenera. Aggiungere il cavolo cappuccio, lo scalogno e i germogli di bambù e saltare in padella per un altro minuto, o fino a quando non saranno ben riscaldati. Trasferire in una ciotola e servire versando il ripieno di maiale al centro di una frittella e guarnendo con salsa di prugne.

25. Costine di maiale con salsa di fagioli neri

ingredienti:
- Costine di maiale da 1 libbra, tagliate trasversalmente in strisce larghe 1½ pollice
- ¼ cucchiaino di pepe bianco macinato
- 2 cucchiai di salsa di fagioli neri o salsa di fagioli neri acquistata in negozio
- 1 cucchiaio di vino di riso Shaoxing
- 1 cucchiaio di olio vegetale
- 2 cucchiaini di amido di mais
- Pezzo di zenzero fresco da ½ pollice, sbucciato e tritato finemente
- 2 spicchi d'aglio, tritati finemente
- 1 cucchiaino di olio di sesamo
- 2 scalogni, affettati sottilmente

Indicazioni:
a) Tagliare tra le costole per separarle in costolette. In una ciotola poco profonda e resistente al calore, unire le costine e il pepe bianco. Aggiungere la salsa di fagioli neri, il vino di riso, l'olio vegetale, l'amido di mais, lo zenzero e l'aglio e

mescolare, assicurandosi che le costolette siano tutte ricoperte. Marinare per 10 minuti.

b) Sciacquare un cestello per la cottura a vapore di bambù e il suo coperchio sotto l'acqua fredda e metterlo nel wok. Versare 2 pollici di acqua, o fino a quando non supera il bordo inferiore del piroscafo di circa ¼ a ½ pollice, ma non così tanto da toccare il fondo del cestello. Mettere la ciotola con le costine nel cestello per la cottura a vapore e coprire.

c) Alza il fuoco per far bollire l'acqua, quindi abbassa il fuoco a medio-alto. Cuocere a fuoco medio-alto per 20-22 minuti, o fino a quando le costole non saranno più rosa. Potrebbe essere necessario reintegrare l'acqua, quindi continua a controllare per assicurarti che non si asciughi nel wok.

d) Rimuovere con attenzione la ciotola dal cestello per la cottura a vapore. Irrorate le costine con l'olio di sesamo e guarnite con lo scalogno. Servire subito.

26. Agnello mongolo saltato in padella

ingredienti:
- 2 cucchiai di vino di riso Shaoxing
- 1 cucchiaio di salsa di soia scura
- 3 spicchi d'aglio, tritati
- 2 cucchiaini di amido di mais
- 1 cucchiaino di olio di sesamo
- Cosciotto di agnello disossato da 1 libbra, tagliato a fette spesse $\frac{1}{4}$ di pollice
- 3 cucchiai di olio vegetale, divisi
- 4 fette di zenzero fresco sbucciate, ciascuna delle dimensioni di un quarto
- 2 peperoncini rossi secchi interi (facoltativo)
- Sale kosher
- 4 scalogni, tagliati a pezzi lunghi 3 pollici, quindi affettati sottilmente nel senso della lunghezza

Indicazioni:
a) In una ciotola capiente, mescolate il vino di riso, la soia scura, l'aglio, l'amido di mais e l'olio di sesamo. Aggiungere l'agnello alla marinata e mescolare per ricoprire. Marinare per 10 minuti.

b) Scaldare un wok a fuoco medio-alto fino a quando una goccia d'acqua sfrigola ed evapora al contatto. Versare 2 cucchiai di olio vegetale e agitare per ricoprire la base del wok. Condire l'olio aggiungendo lo zenzero, i peperoncini (se utilizzati) e un pizzico di sale. Lasciare sfrigolare gli aromi nell'olio per circa 30 secondi, mescolando delicatamente.

c) Usando una pinza, sollevare metà dell'agnello dalla marinata, agitando leggermente per far sgocciolare l'eccesso. Prenota la marinata. Rosolare nel wok per 2 o 3 minuti. Capovolgere per rosolare dall'altro lato per altri 1 o 2 minuti. Soffriggere girando e girando velocemente nel wok per un altro minuto. Trasferire in una ciotola pulita. Aggiungere il restante 1 cucchiaio di olio vegetale e ripetere con l'agnello rimanente.

d) Rimettere tutto l'agnello e la marinata messa da parte nel wok e aggiungere gli scalogni. Soffriggere per un altro minuto, o fino a quando l'agnello è cotto e la marinata diventa una salsa lucida.

e) Trasferire su un piatto da portata, eliminare lo zenzero e servire caldo.

27.   Agnello con Zenzero e Porri

ingredienti:

- ¾ di libbra di cosciotto di agnello disossato, tagliato in 3 pezzi, quindi affettato sottilmente attraverso la grana
- Sale kosher
- 2 cucchiai di vino di riso Shaoxing
- 1 cucchiaio di salsa di soia scura
- 1 cucchiaio di salsa di soia leggera
- 1 cucchiaino di salsa di ostriche
- 1 cucchiaino di miele
- 1 o 2 cucchiaini di olio di sesamo
- ½ cucchiaino di grani di pepe di Sichuan macinati
- 2 cucchiaini di amido di mais
- 2 cucchiai di olio vegetale
- 1 cucchiaio di zenzero fresco sbucciato e tritato finemente
- 2 porri, mondati e affettati sottilmente
- 4 spicchi d'aglio, tritati finemente

Indicazioni:

a) In una terrina, condite leggermente l'agnello con 1 o 2 pizzichi di sale. Mescolare per ricoprire e mettere da parte per 10 minuti. In una ciotolina, mescolate il vino di riso, la soia scura, la soia chiara, la salsa di ostriche, il miele, l'olio di sesamo, il pepe di Sichuan e l'amido di mais. Mettere da parte.

b) Scaldare un wok a fuoco medio-alto fino a quando una goccia d'acqua sfrigola ed evapora al contatto. Versare l'olio vegetale e agitare per ricoprire la base del wok. Condite l'olio aggiungendo lo zenzero e un pizzico di sale. Lasciare sfrigolare lo zenzero nell'olio per circa 10 secondi, mescolando delicatamente.

c) Aggiungi l'agnello e rosola per 1 o 2 minuti, quindi inizia a saltare in padella, girando e girando per altri 2 minuti, o finché non sarà più rosa. Trasferire in una ciotola pulita e mettere da parte.

d) Aggiungere i porri e l'aglio e saltare in padella per 1 o 2 minuti, o fino a quando i porri sono di un verde brillante e morbidi. Trasferire nella ciotola dell'agnello.

e) Versare il composto di salsa e cuocere a fuoco lento per 3 o 4 minuti, fino a quando la salsa si riduce della metà e diventa lucida. Rimetti l'agnello e le verdure nel wok e mescola per unire alla salsa.

f) Trasferite su un piatto da portata e servite caldo.

28.   Manzo al basilico tailandese

ingredienti:
- 2 cucchiai di olio
- 12 once carne di manzo, tagliata a fette sottili contro fibra e mescolata con 1 cucchiaino di olio e 2 cucchiaini di amido di mais
- 5 spicchi d'aglio, tritati
- ½ peperone rosso, affettato sottilmente
- 1 cipolla piccola, affettata sottilmente
- 2 cucchiaini di salsa di soia
- 1 cucchiaino di salsa di soia scura
- 1 cucchiaino di salsa di ostriche
- 1 cucchiaio di salsa di pesce
- ½ cucchiaino di zucchero
- 1 tazza di foglie di basilico tailandese, confezionate
- Coriandolo, per guarnire

Indicazioni:
a) Scaldare il wok a fuoco alto e aggiungere l'olio. Rosolare la carne fino a quando non sarà ben dorata. Togliere dal wok e mettere da parte.
b) Aggiungere l'aglio e il peperoncino nel wok e soffriggere per circa 20 secondi.
c) Aggiungere le cipolle e soffriggere fino a doratura e leggermente caramellate.
d) Rimetti la carne di manzo, insieme alla salsa di soia, salsa di soia scura, salsa di ostriche, salsa di pesce e zucchero.
e) Soffriggere per altri pochi secondi, quindi aggiungere il basilico tailandese fino a quando non sarà appena appassito.
f) Servire con riso al gelsomino e guarnire con coriandolo.

29.Maiale cinese alla griglia

SERVE 8

ingredienti:
- 3 libbre (1,4 kg) di spalla di maiale/coscia di maiale (selezionare un taglio con un po' di grasso buono)
- ¼ tazza (50 g) di zucchero
- 2 cucchiaini di sale
- ½ cucchiaino di polvere di cinque spezie
- ¼ cucchiaino di pepe bianco
- ½ cucchiaino di olio di sesamo
- 1 cucchiaio di vino Shaoxing o
- Vino di prugne cinese
- 1 cucchiaio di salsa di soia
- 1 cucchiaio di salsa di hoisin
- 2 cucchiaini di melassa
- 3 spicchi d'aglio tritati finemente
- 2 cucchiai di maltosio o miele
- 1 cucchiaio di acqua calda

Indicazioni:
a) Tagliare la carne di maiale a listarelle lunghe o a tocchetti di circa 3 pollici di spessore. Non tagliare il grasso in eccesso, poiché si asciugherà e aggiungerà sapore.
b) Unisci lo zucchero, il sale, le cinque spezie in polvere, il pepe bianco, l'olio di sesamo, il vino, la salsa di soia, la salsa di hoisin, la melassa, il colorante alimentare (se utilizzato) e l'aglio in una ciotola per preparare la marinata.
c) Riserva circa 2 cucchiai di marinata e mettila da parte. Strofina il maiale con il resto della marinata in una grande ciotola o teglia. Coprire e conservare in frigorifero per una

notte, o almeno 8 ore. Coprire e conservare in frigorifero anche la marinata riservata.

d) Preriscalda il forno alla massima potenza (475-550 gradi F o 250-290 gradi C) con una griglia posizionata nel terzo superiore del forno. Foderate una teglia con un foglio di alluminio e adagiatevi sopra una griglia di metallo. Disporre il maiale sulla griglia, lasciando più spazio possibile tra i pezzi. Versare 1 $\frac{1}{2}$ tazza di acqua nella padella sotto la griglia. Ciò impedisce che eventuali gocciolamenti brucino o fumino.

e) Trasferite la carne di maiale nel vostro forno preriscaldato e fate cuocere per 25 minuti. Dopo 25 minuti girate la carne di maiale. Se il fondo della padella è asciutto, aggiungere un altro bicchiere d'acqua. Ruotare la padella di 180 gradi per garantire una tostatura uniforme. Arrostire altri 15 minuti.

f) Nel frattempo, unire la marinata tenuta da parte con il maltosio o il miele e 1 cucchiaio di acqua calda. Questa sarà la salsa che utilizzerai per condire il maiale.

g) Dopo 40 minuti di cottura totale, imbastire il maiale, girarlo e imbastire anche l'altro lato. Arrostire per gli ultimi 10 minuti.

h) Dopo 50 minuti di cottura totale, il maiale dovrebbe essere cotto e caramellato sopra. Se non è caramellato a tuo piacimento, puoi accendere la griglia per un paio di minuti per rendere croccante l'esterno e aggiungere un po' di colore/sapore.

i) Sfornare e irrorare con l'ultimo pezzo di salsa barbecue riservata. Lascia riposare la carne per 10 minuti prima di affettarla e buon appetito!

30.	Panini di maiale al barbecue al vapore

FA 10 PANINI

ingredienti:
Per la pasta sfoglia al vapore:
- 1 cucchiaino di lievito secco attivo
- ¾ tazza di acqua tiepida
- 2 tazze di farina per tutti gli usi
- 1 tazza di amido di mais
- 5 cucchiai di zucchero
- ¼ tazza di canola o olio vegetale
- 2½ cucchiaini di lievito in polvere

Per il ripieno:
- 1 cucchiaio di olio
- ⅓ tazza di scalogno tritato finemente o cipolla rossa
- 1 cucchiaio di zucchero
- 1 cucchiaio di salsa di soia leggera
- 1 cucchiaio e mezzo di salsa di ostriche
- 2 cucchiaini di olio di sesamo
- 2 cucchiaini di salsa di soia scura
- ½ tazza di brodo di pollo
- 2 cucchiai di farina per tutti gli usi
- 1½ tazza di maiale arrosto cinese tagliato a dadini

Indicazioni:
a) Nella ciotola di uno sbattitore elettrico dotato di gancio per impastare (puoi anche usare una normale ciotola e impastare a mano), sciogliere 1 cucchiaino di lievito secco attivo in 3/4 di tazza di acqua tiepida. Setacciare insieme la farina e

l'amido di mais e unirlo al composto di lievito insieme allo zucchero e all'olio.

b) Accendete il mixer al minimo e lasciate andare fino a formare una palla di pasta liscia. Coprite con un canovaccio umido e lasciate riposare per 2 ore. (Aggiungerai il lievito in polvere più tardi!)

c) Mentre l'impasto riposa, preparate il ripieno di carne. Scaldare 1 cucchiaio di olio in un wok a fuoco medio-alto. Aggiungere lo scalogno/cipolla e soffriggere per 1 minuto. Abbassare il fuoco a medio-basso e aggiungere lo zucchero, la salsa di soia leggera, la salsa di ostriche, l'olio di sesamo e la salsa di soia scura. Mescolare e cuocere fino a quando il composto inizia a bollire. Aggiungere il brodo di pollo e la farina, cuocere per 3 minuti fino a quando non si addensa. Togliere dal fuoco e mantecare con l'arrosto di maiale. Mettere da parte a raffreddare. Se si prepara il ripieno in anticipo, coprire e conservare in frigorifero per evitare che si secchi.

d) Dopo che l'impasto ha riposato per 2 ore, aggiungere il lievito all'impasto e girare il mixer al minimo. A questo punto, se l'impasto sembra asciutto o hai difficoltà a incorporare il lievito, aggiungi 1-2 cucchiaini di acqua. Impastare delicatamente l'impasto fino a renderlo nuovamente liscio. Coprite con un canovaccio umido e lasciate riposare per altri 15 minuti. Nel frattempo, prendi un grande pezzo di carta da forno e taglialo in dieci quadrati da 4x4 pollici. Preparate il vostro piroscafo portando l'acqua a bollore.

e) Ora siamo pronti per assemblare i panini: arrotolare l'impasto in un lungo tubo e dividerlo in 10 pezzi uguali.

Schiacciare ogni pezzo di pasta in un disco di circa 4 pollici e mezzo di diametro (dovrebbe essere più spesso al centro e più sottile attorno ai bordi). Aggiungere un po' di ripieno e piegare i panini fino a quando non sono chiusi in cima.

f) Disporre ogni panino su un quadrato di carta da forno e cuocere a vapore. Ho cotto a vapore i panini in due lotti separati usando un bambù cotto a vapore.

g) Quando l'acqua bolle, metti i panini nel piroscafo e cuocili a vapore per 12 minuti a fuoco alto.

31.   Pancetta di maiale arrosto alla cantonese

SERVI 6-8

ingredienti:
- 3 libbre di pancetta di maiale, con la pelle
- 2 cucchiaini di vino Shaoxing
- 2 cucchiaini di sale
- 1 cucchiaino di zucchero
- ½ cucchiaino di polvere di cinque spezie
- ¼ cucchiaino di pepe bianco
- 1½ cucchiaino di aceto di vino di riso
- ½ tazza di sale marino grosso

Indicazioni:
a) Sciacquare la pancetta di maiale e asciugarla. Mettilo con la pelle rivolta verso il basso su un vassoio e strofina il vino shaoxing sulla carne (non sulla pelle). Mescolare il sale, lo zucchero,

b) cinque spezie in polvere e pepe bianco. Strofina accuratamente anche questa miscela di spezie sulla carne. Capovolgi la carne in modo che sia con la pelle rivolta verso l'alto.

c) Quindi, per fare il passo successivo, c'è in realtà uno strumento speciale che usano i ristoranti, ma abbiamo solo usato uno spiedino di metallo affilato. Pratica sistematicamente dei fori su tutta la pelle, che aiuteranno la pelle a diventare croccante, piuttosto che rimanere liscia e coriacea. Più buchi ci sono, meglio è. Assicurati anche che vadano abbastanza in profondità. Fermati appena sopra lo strato di grasso sottostante.

d) Lasciate asciugare la pancetta in frigorifero scoperta, per 12-24 ore.

e) Preriscalda il forno a 375 gradi F. Metti un grande pezzo di carta stagnola (la pellicola per impieghi gravosi funziona meglio) su una teglia e piega i lati attorno al maiale in modo da creare una specie di scatola tutt'intorno , con un bordo alto 1 pollice che gira intorno ai lati.

f) Spennellare l'aceto di vino di riso sulla pelle di maiale. Imballare il sale marino in uno strato uniforme sulla pelle, in modo che il maiale sia completamente coperto. Mettere in forno e cuocere per 1 ora e 30 minuti. Se la tua pancetta di maiale ha ancora la costola attaccata, arrostisci per 1 ora e 45 minuti.

g) Sfornare la carne di maiale, accendere la griglia al minimo e posizionare la griglia del forno nella posizione più bassa. Rimuovere lo strato superiore di sale marino dalla pancetta di maiale, aprire la pellicola e posizionare una griglia sulla padella. Metti la pancetta sulla griglia e rimettila sotto la griglia per farla diventare croccante. Questo dovrebbe richiedere 10-15 minuti. Il pollo da carne dovrebbe idealmente essere su "basso" in modo che questo processo possa avvenire gradualmente. Se il tuo pollo da carne diventa piuttosto caldo, tienilo d'occhio e assicurati di tenere il maiale il più lontano possibile dalla fonte di calore.

h) Quando la pelle si sarà gonfiata ed è diventata croccante, togliere dal forno. Lasciar riposare per circa 15 minuti. Affettare e servire!

CARNE BIANCA

32. Zuppa cremosa di pollo all'aglio

porzioni: 8

ingredienti:
- 4 cucchiai di burro
- 8 once di crema di formaggio, a cubetti
- 2 lattine (14,5 once ciascuna) brodo di pollo
- Sale e pepe a piacere
- 4 tazze di pollo cotto e tagliuzzato
- 4 cucchiai di condimento all'aglio o 1 cucchiaino di aglio in polvere
- $\frac{1}{2}$ tazza di panna

Indicazioni:

a) Mettere una casseruola a fuoco medio e farvi sciogliere un po' di burro.
b) Quando il burro si sarà sciolto, unire il pollo e cuocere per un paio di minuti.
c) Unire il formaggio cremoso e i condimenti. Mescolare bene.
d) Versare il brodo e la panna e mescolare.
e) Una volta che bolle, abbassare la fiamma e cuocere per circa 5-6 minuti. Versare nelle zuppiere e servire.

33.   Ali di pollo

porzioni: 4

ingredienti:
- 2 libbre di ali di pollo
- ¼ tazza di parmigiano grattugiato fresco
- ¼ cucchiaino di pepe
- ½ cucchiaino di sale
- ½ cucchiaio di prezzemolo fresco tritato di ½ cucchiaino di prezzemolo secco
- 2-3 cucchiai di burro nutrito con erba

Indicazioni:
a) Preparate una teglia foderandola con carta da forno. Preriscaldare il forno a 350° F.
b) Aggiungi il burro in una ciotola poco profonda adatta al microonde. Cuocere a fuoco alto per 15 - 20 secondi o finché il burro non si scioglie appena.
c) In una ciotola mettete sale, pepe, prezzemolo e parmigiano e mescolate bene.
d) Immergere le ali di pollo nel burro, una alla volta. Passate le ali nel composto di parmigiano e adagiatele sulla teglia.
e) Cuocere le ali per circa 40 - 60 minuti o fino a cottura. Raffreddare per 5 minuti e servire.

34. Petti di pollo saltati in padella semplici

porzioni: 4 (8,7 once ciascuna)

ingredienti:
- 8 metà del petto di pollo
- ½ cucchiaino di pepe o a piacere
- 4 cucchiaini di parmigiano grattugiato (facoltativo)
- ½ cucchiaino di sale kosher o a piacere
- ½ cucchiaio di olio d'oliva

Indicazioni:

a) Per preparare il pollo: posiziona un foglio di pellicola trasparente sul piano di lavoro e aggiungi il pollo. Coprite con un altro foglio di pellicola e battete con un batticarne fino a quando il pollo non sarà appiattito uniformemente.
b) Condisci il pollo con sale e pepe. Lasciar riposare per 15-20 minuti.
c) Metti una padella di ghisa a fuoco alto, metti il pollo nella padella. Lasciate cuocere indisturbati per 2-3 minuti senza coperchio fino a quando non saranno ben dorati e il grasso si sarà liberato. Capovolgere i lati e cuocere per altri 2-3 minuti. Togliere la padella dal fuoco.
d) Cospargere di parmigiano se lo si utilizza. Mettere il forno alla griglia e preriscaldarlo.
e) Mettere la padella nel forno e cuocere fino a quando il formaggio si scioglie. Servire caldo.

35. Cosce Di Pollo Croccanti

porzioni: 2 (3 cosce)

ingredienti:
- 6 cosce di pollo, con la pelle
- 1 cucchiaio di sale
- 2 cucchiai di olio di avocado o olio d'oliva
- Pepe macinato fresco a piacere
- Sale kosher qb
- Aglio in polvere qb
- Paprica a piacere

Indicazioni:
a) Preparate una teglia foderandola con carta da forno. Assicurati che il tuo forno sia preriscaldato a 450 ° F.
b) Condite le cosce di pollo con sale, pepe e le spezie preferite. Adagiatela sulla teglia, in un unico strato, senza sovrapporre.
c) Versare l'olio sul pollo.
d) Arrostire il pollo per circa 40 minuti o finché la pelle non sarà croccante.

36.   Pepite Di Pollo Carnivoro

porzioni: 30 bocconcini (3 per)

ingredienti:
Pollo
- 1 ½ libbra di pollo macinato
- ¼ cucchiaino di sale rosa o più a piacere
- 1 uovo piccolo
- ¼ cucchiaino di origano secco
- 1 cucchiaino di paprika
- ¼ cucchiaino di pepe
- ¼ cucchiaino di aglio in polvere
- ¼ cucchiaino di peperoncino in scaglie

Panatura
- ½ tazza di parmigiano grattugiato
- ½ tazza di cotiche di maiale macinate

Indicazioni:
a) Preparare una teglia rivestendola con un foglio di carta da forno.
b) Assicurati che il tuo forno sia preriscaldato a 400 ° F.
c) In una ciotola aggiungete il formaggio e le cotenne e mescolate bene.
d) Sbattere l'uovo in una ciotola e mescolare il pollo, il sale e tutte le spezie.
e) Dividere il composto in 30 parti uguali e formare delle crocchette.
f) Ricoprire le crocchette nel composto di cotenna e adagiarle sulla teglia.
g) Cuocere le crocchette in forno per circa 20-25 minuti o fino a quando non diventano croccanti e dorate.

37. Polpette Di Pancetta Affumicata

porzioni: 4 (3 polpette per)

ingredienti:
- 1 petto di pollo o ½ libbra di pollo macinato
- 1 uovo piccolo
- ½ cucchiaio di cipolla in polvere
- 2 cucchiai di olio d'oliva o olio di avocado
- 4 fette di pancetta, cotta, sbriciolata
- 1 spicchio d'aglio, sbucciato
- 1 goccia di fumo liquido
- Sale a piacere

Indicazioni:
a) Aggiungere il pollo, l'uovo, la cipolla in polvere, la pancetta e l'aglio nella ciotola del robot da cucina e lavorare bene.
b) Dividere il composto in piccole porzioni e ricavarne delle polpette. Adagiateli su un piatto.
c) Mettere una padella a fuoco medio. Unite l'olio e fatelo scaldare. Aggiungere alcune polpette e cuocere fino a doratura, rigirando le polpette di tanto in tanto.
d) Scolatele e mettetele su carta assorbente.
e) Cuocere le polpette rimanenti in lotti. Cospargete di sale sopra e servite caldo.

38. Salsa Di Pollo Con Pancetta

porzioni: 4

ingredienti:
- 2 petti di pollo, tagliati a dadini
- 2 cucchiai di aglio in polvere
- Sale a piacere
- 2 fette di pancetta, tagliate a dadini
- 1 cucchiaio di condimento italiano
- $\frac{1}{2}$ cucchiaio di olio di avocado

Indicazioni:
a) Metti una padella grande a fuoco medio. Aggiungere la pancetta e il pollo e cuocere bene.
b) Aggiungere l'aglio in polvere, il sale e il condimento italiano e servire.

39. Polpette Di Peperoni

porzioni: 8 (2 polpette ciascuna)

ingredienti:
- 2 libbre di pollo macinato
- 1 cucchiaino di sale o a piacere
- 2 uova, sbattute
- 1 cucchiaino di pepe o a piacere
- Fette di peperoni da ½ libbra, tritate
- Salsa piccante qb (facoltativa)

Indicazioni:
a) Unisci pollo, sale, uova, pepe e peperoni in una ciotola.
b) Preparare una teglia rivestendola con carta da forno e preriscaldare il forno a 180°C.
c) Con l'impasto ricavare 16 palline e adagiarle sulla teglia.
d) Cuocere le polpette per circa 20-30 minuti o fino a doratura e cottura. Gira le palline due volte durante la cottura, in modo che cuociano bene. Oppure puoi anche cuocere le palline in una padella.

40. Cosce Di Pollo In Crosta Di Parmigiano

porzioni: 4

ingredienti:
- 4 cosce di pollo
- ½ tazza di parmigiano grattugiato fresco
- ¼ cucchiaino di timo essiccato
- ¼ cucchiaino di sale o a piacere
- ½ cucchiaino di aglio in polvere
- 2 cucchiai di burro, sciolto
- ½ cucchiaio di prezzemolo tritato
- ½ cucchiaino di paprika
- ¼ cucchiaino di pepe

Indicazioni:
a) Preparare una teglia ungendola con il burro: preriscaldare il forno a 200°C.
b) Versare il burro fuso in una ciotola poco profonda.
c) Mettere in una ciotola il sale, le spezie, le erbe aromatiche e il parmigiano. Mescolare bene.
d) Per prima cosa, immergi una coscia di pollo nella ciotola del burro. Sollevare le cosce di pollo e far sgocciolare il burro in eccesso. Passatela quindi nel composto di parmigiano e adagiatela nella teglia.
e) Ripetere il passaggio precedente e ricoprire le restanti cosce di pollo.
f) Cuocere per circa 35 - 50 minuti, a seconda delle dimensioni delle cosce. Servire caldo.

41. Pollo Al Burro Di Aglio

porzioni: 8

ingredienti:
- 4 petti di pollo medi, tagliati in 2 metà orizzontalmente (8 pezzi in tutto)
- 2 cucchiaini di condimento italiano
- Fiocchi di peperoncino tritato a piacere
- 8 spicchi d'aglio, pelati, tritati
- 2 cucchiai di olio d'oliva
- Sale a piacere
- 4 cucchiai di burro
- Pepe qb
- ¼ tazza di coriandolo tritato o foglie di prezzemolo

Indicazioni:
a) Unisci il condimento italiano, il peperoncino tritato, il sale e il pepe in una ciotola.
b) Cospargere questa miscela su tutti i pezzi di pollo.
c) Metti una padella grande su una fiamma medio-alta. Aggiungere l'olio e attendere un paio di minuti affinché l'olio si scaldi.
d) Mettere i pezzi di pollo nella padella e cuocere per 3 - 4 minuti, la parte inferiore dovrebbe essere dorata. Capovolgere i pezzi di pollo e cuocere per 3 - 4 minuti.
e) Togliere il pollo dalla padella e metterlo su un piatto.
f) Abbassare la fiamma a fuoco medio-basso. Aggiungere il burro, l'aglio, il prezzemolo e altri fiocchi di peperoncino tritati e mescolare bene.
g) Aggiungere il pollo dopo circa 20 – 30 secondi. Versare la salsa di burro sul pollo e cuocere per un paio di minuti, fino a

quando l'aglio non diventa leggermente dorato. Servire caldo.

42. Bocconcini di pollo avvolti con pancetta all'aglio

porzioni: 2

ingredienti:
- ½ petto di pollo grande, tagliato a bocconcini
- 1 ½ cucchiaio di aglio in polvere
- 4 - 5 fette di pancetta, tagliate in terzi

Indicazioni:
a) Preparare una teglia rivestendola con carta stagnola.
b) Assicurati che il tuo forno sia preriscaldato a 400 ° F.
c) Distribuire l'aglio in polvere su un piatto.
d) Passare i pezzi di pollo nell'aglio in polvere, uno alla volta, e avvolgerli in una fetta di pancetta.
e) Adagiatela sulla teglia. Lascia uno spazio tra i morsi.
f) Metti la teglia nel forno e inforna finché la pancetta non è croccante, circa 25 - 30 minuti. Girare i bocconcini a metà cottura.

43.   Pinchos de Pollo (Kebab)

porzioni: 2

ingredienti:
- ½ cucchiaio di aglio tritato
- ¼ cucchiaino di pepe macinato fresco
- ½ cucchiaio di olio extravergine di oliva
- ¾ libbra di petto di pollo disossato e senza pelle, tagliato a pezzi da 1 pollice
- Succo di ½ lime
- ¼ cucchiaino di sale himalayano fino
- 1 cucchiaino di origano fresco tritato o ½ cucchiaino di origano essiccato

Indicazioni:
a) Per preparare la marinata: in una ciotola aggiungete aglio, origano, sale, pepe, succo di lime e olio e mescolate bene.
b) Prendete un contenitore di vetro con un coperchio e metteci il pollo. Versate la marinata sul pollo e mescolate bene.
c) Coprire il coperchio della ciotola e conservare in frigorifero per 2 - 8 ore.
d) Ora tirate fuori la ciotola dal frigorifero e sistemate il pollo negli spiedini. Non lasciare un ampio spazio tra i pezzi di pollo. Restate vicini.
e) Prepara la griglia e preriscaldala a fuoco medio, circa 330 ° F. Impostala per la cottura diretta.
f) Ungere le griglie della griglia se lo si desidera. Mettere gli spiedini sulla griglia e grigliare fino a quando non sono ben cotti.
g) Servire subito.

44. Cialde carnivore

porzioni: 4 (1 cialda)

ingredienti:
- 4 once di pollo macinato o tacchino macinato
- 5 uova
- 2 cucchiai di parmigiano secco
- 4 once di carne macinata

Indicazioni:
a) Mettere il manzo e il pollo in una casseruola e aggiungere circa 1 - 1-½ tazze d'acqua.
b) Mettere la pentola a fuoco medio-alto e portare a bollore. Abbassare leggermente la fiamma e cuocere per 5-7 minuti. Trasferire la carne in uno scolapasta. Lascia raffreddare per 10 minuti.
c) Trasferire la carne leggermente raffreddata nella ciotola del robot da cucina. Aggiungere anche le uova e il parmigiano. Procedi fino a quando non sarà davvero liscio.
d) Preriscaldare la piastra per waffle. Ungere e stendere ¼ del composto sul ferro. Cuocere i waffle come faresti per 5-7 minuti o fino a cottura.
e) Togliere la cialda e metterla su un piatto. Raffreddare per qualche minuto e servire. Ripeti i passaggi e prepara gli altri waffle.

45. Patatine fritte carnivore

porzioni: 2

ingredienti:
- 8 once di pollame cotto
- 2 uova
- 0,7 once di cotiche di maiale
- ½ cucchiaino di sale

Indicazioni:
a) Preparate una teglia foderandola con carta da forno. Utilizzare una teglia grande o 2 più piccole.
b) Aggiungere la carne, le uova, il sale e le cotenne nella ciotola del robot da cucina. Lavorare fino a quando non è ben combinato e leggermente grosso.
c) Versare il composto in un sacchetto di plastica. Taglia un angolo con le forbici.
d) Spremere il composto e versare sulla teglia preparata, della dimensione che si preferisce. Lascia uno spazio sufficiente tra le patatine. Ora appiattisci leggermente ciascuna delle patatine o allo spessore desiderato. Cuocere le patatine per circa 20 minuti.
e) Imposta il forno in modalità griglia. Grigliare per un paio di minuti o croccanti sopra.
f) Dividere in 2 piatti e servire.

46. Cosce Di Pollo Alla Griglia Con Marinata Di Aglio

porzioni: 2 (2 cosce ciascuno)

ingredienti:
- 4 cosce di pollo
- 5 - 6 spicchi d'aglio, sbucciati
- ½ cucchiaio di sale marino
- ¾ tazza di olio d'oliva
- Succo di ½ limone
- ¼ cucchiaino di pepe

Indicazioni:
a) Mescolare insieme l'olio, il succo di limone, l'aglio e i condimenti in un frullatore.
b) Spennellare il pollo con questo composto e strofinare bene.
c) Aggiungere il pollo e mescolare bene. Mettere in frigo per 2 - 8 ore.
d) Grigliate il pollo su una griglia preriscaldata per 6 - 8 minuti per lato.

47. Pollo Kung Pao

ingredienti:
- 3 cucchiaini di salsa di soia leggera
- 2½ cucchiaini di amido di mais
- 2 cucchiaini di aceto nero cinese
- 1 cucchiaino di vino di riso Shaoxing
- 1 cucchiaino di olio di sesamo
- ¾ libbra di cosce di pollo disossate, senza pelle, tagliate a 1 pollice
- 2 cucchiai di olio vegetale
- Da 6 a 8 peperoncini rossi secchi interi
- 3 scalogni, la parte bianca e quella verde separate, affettati sottilmente
- 2 spicchi d'aglio, tritati
- 1 cucchiaino di zenzero fresco tritato sbucciato
- ¼ tazza di arachidi tostate secche non salate

Indicazioni:
a) In una ciotola media, mescola insieme la soia leggera, l'amido di mais, l'aceto nero, il vino di riso e l'olio di sesamo finché l'amido di mais non si scioglie. Aggiungere il pollo e mescolare delicatamente per ricoprire. Marinare per 10-15

minuti, o tempo sufficiente per preparare il resto degli ingredienti.

b) Scaldare un wok a fuoco medio-alto fino a quando una goccia d'acqua sfrigola ed evapora al contatto. Versare l'olio vegetale e agitare per ricoprire la base del wok.

c) Aggiungere i peperoncini e saltare in padella per circa 10 secondi, o finché non avranno appena iniziato ad annerire e l'olio sarà leggermente profumato.

d) Aggiungere il pollo, riservando la marinata e saltare in padella per 3 o 4 minuti, finché non sarà più rosa.

e) Aggiungere i bianchi di scalogno, l'aglio e lo zenzero e saltare in padella per circa 30 secondi. Versare la marinata e mescolare per ricoprire il pollo. Unire le arachidi e cuocere per altri 2 o 3 minuti, finché la salsa non diventa lucida.

f) Trasferire su un piatto da portata, guarnire con lo scalogno e servire caldo.

48.   Pollo ai Broccoli

ingredienti:
- 1 cucchiaio di vino di riso Shaoxing
- 2 cucchiaini di salsa di soia leggera
- 1 cucchiaino di aglio tritato
- 1 cucchiaino di amido di mais
- ¼ cucchiaino di zucchero
- ¾ libbra di cosce di pollo disossate e senza pelle, tagliate a pezzi da 2 pollici
- 2 cucchiai di olio vegetale
- 4 fette di zenzero fresco sbucciate, delle dimensioni di un quarto
- Sale kosher
- Broccoli da 1 libbra, tagliati a cimette di dimensioni mordenti
- 2 cucchiai d'acqua
- Fiocchi di peperoncino (facoltativo)
- ¼ tazza di salsa di fagioli neri o salsa di fagioli neri acquistata in negozio

Indicazioni:

a) In una ciotolina, mescolate il vino di riso, la soia leggera, l'aglio, l'amido di mais e lo zucchero. Aggiungere il pollo e marinare per 10 minuti.

b) Scaldare un wok a fuoco medio-alto fino a quando una goccia d'acqua sfrigola ed evapora al contatto. Versare l'olio vegetale e agitare per ricoprire la base del wok. Aggiungere lo zenzero e un pizzico di sale. Lascia sfrigolare lo zenzero per circa 30 secondi, mescolando delicatamente.

c) Trasferite il pollo nel wok, eliminando la marinata. Soffriggere il pollo per 4-5 minuti, finché non sarà più rosa. Aggiungere i broccoli, l'acqua e un pizzico di peperoncino in scaglie (se utilizzato) e saltare in padella per 1 minuto. Coprire il wok e cuocere a vapore i broccoli per 6-8 minuti, finché non saranno croccanti.

d) Unire la salsa di fagioli neri fino a quando non sarà ricoperta e riscaldata, circa 2 minuti, o finché la salsa non si sarà leggermente addensata e diventa lucida.

e) Eliminate lo zenzero, trasferitelo su un piatto da portata e servite caldo.

49. Pollo con scorza di mandarino

ingredienti:

- 3 albumi grandi
- 2 cucchiai di amido di mais
- 1 cucchiaio e mezzo di salsa di soia leggera, divisa
- $\frac{1}{4}$ cucchiaino di pepe bianco macinato
- $\frac{3}{4}$ libbra di cosce di pollo disossate e senza pelle, tagliate a bocconcini
- 3 tazze di olio vegetale
- 4 fette di zenzero fresco sbucciate, ciascuna delle dimensioni di un quarto
- 1 cucchiaino di pepe di Sichuan, leggermente screpolato
- Sale kosher
- $\frac{1}{2}$ cipolla gialla, affettata sottilmente in strisce larghe $\frac{1}{4}$ di pollice
- Sbucciate 1 mandarino, tagliato a striscioline dello spessore di $\frac{1}{8}$ pollici
- Succo di 2 mandarini (circa $\frac{1}{2}$ tazza)
- 2 cucchiaini di olio di sesamo
- $\frac{1}{2}$ cucchiaino di aceto di riso

- Zucchero di canna chiaro

- 2 scalogni, affettati sottilmente, per guarnire

- 1 cucchiaio di semi di sesamo, per guarnire

Indicazioni:

a) In una terrina, usando una forchetta o una frusta, sbattere gli albumi fino a quando non saranno spumosi e finché i grumi più stretti non saranno spumosi. Incorporate l'amido di mais, 2 cucchiaini di soia leggera e il pepe bianco fino a quando non saranno ben amalgamati. Unire il pollo e marinare per 10 minuti.

b) Versare l'olio nel wok; l'olio dovrebbe essere profondo da 1 a 1 $\frac{1}{2}$ pollici. Portare l'olio a 375 °F a fuoco medio-alto. Puoi dire che l'olio è alla giusta temperatura quando immergi l'estremità di un cucchiaio di legno nell'olio. Se l'olio bolle e sfrigola intorno ad esso, l'olio è pronto.

c) Utilizzando un mestolo forato o una schiumarola per wok, sollevare il pollo dalla marinata e scrollarsi di dosso l'eccesso. Abbassare con cura nell'olio caldo. Friggere il pollo in lotti per 3-4 minuti, o fino a quando il pollo non sarà dorato e croccante in superficie. Trasferire su un piatto foderato di carta assorbente.

d) Versare tutto tranne 1 cucchiaio di olio dal wok e metterlo a fuoco medio-alto. Mescolare l'olio per ricoprire la base del wok. Condite l'olio aggiungendo lo zenzero, i grani di pepe e un pizzico di sale. Lasciare sfrigolare lo zenzero e i grani di pepe nell'olio per circa 30 secondi, mescolando delicatamente.

e) Aggiungere la cipolla e soffriggere, rigirando e girando con una spatola per wok per 2 o 3 minuti, o fino a quando la cipolla diventa morbida e traslucida. Aggiungere la scorza di mandarino e saltare in padella per un altro minuto, o fino a quando non sarà fragrante.

f) Aggiungere il succo di mandarino, l'olio di sesamo, l'aceto e un pizzico di zucchero di canna. Portare a bollore la salsa e far sobbollire per circa 6 minuti, finché non si sarà ridotta della metà. Dovrebbe essere sciropposo e molto piccante. Assaggiate e, se necessario, aggiungete un pizzico di sale.

g) Spegnete il fuoco e aggiungete il pollo fritto, mescolando per ricoprire con la salsa. Trasferite il pollo su un piatto da portata, eliminate lo zenzero e guarnite con lo scalogno affettato e i semi di sesamo. Servire caldo.

50. Pollo agli anacardi

PER 4-6 PERSONE

ingredienti:
- 1 cucchiaio di salsa di soia leggera
- 2 cucchiaini di vino di riso Shaoxing
- 2 cucchiaini di amido di mais
- 1 cucchiaino di olio di sesamo
- ½ cucchiaino di pepe di Sichuan macinato
- ¾ libbra di cosce di pollo disossate, senza pelle, tagliate a cubetti da 1 pollice
- 2 cucchiai di olio vegetale
- Zenzero fresco tritato finemente sbucciato e pelato da ½ pollice
- Sale kosher
- ½ peperone rosso, tagliato a pezzi da ½ pollice
- 1 piccola zucchina, tagliata a pezzi da ½ pollice
- 2 spicchi d'aglio, tritati
- ½ tazza di anacardi tostati e secchi non salati
- 2 scalogni, la parte bianca e quella verde separate, affettati sottilmente

Indicazioni:

a) In una ciotola media, mescolare insieme la soia leggera, il vino di riso, l'amido di mais, l'olio di sesamo e il pepe di Sichuan. Aggiungere il pollo e mescolare delicatamente per ricoprire. Lasciate marinare per 15 minuti, o per un tempo sufficiente a preparare il resto degli Ingredienti.

b) Scaldare un wok a fuoco medio-alto fino a quando una goccia d'acqua sfrigola ed evapora al contatto. Versare l'olio vegetale e agitare per ricoprire la base del wok. Condite l'olio aggiungendo lo zenzero e un pizzico di sale. Lasciare sfrigolare lo zenzero nell'olio per circa 30 secondi, mescolando delicatamente.

c) Usando una pinza, sollevare il pollo dalla marinata e trasferirlo nel wok, riservando la marinata. Soffriggere il pollo per 4-5 minuti, finché non sarà più rosa. Aggiungere il peperone rosso, le zucchine e l'aglio e saltare in padella per 2 o 3 minuti, o finché le verdure non saranno tenere.

d) Versare la marinata e mescolare per ricoprire gli altri ingredienti. Portare a ebollizione la marinata e continuare a saltare in padella per 1 o 2 minuti, finché la salsa non diventa densa e lucida. Unire gli anacardi e cuocere per un altro minuto.

e) Trasferire su un piatto da portata, guarnire con lo scalogno e servire caldo.

51. Pollo e verdure con salsa di fagioli neri

ingredienti:
- 1 cucchiaio di salsa di soia leggera
- 1 cucchiaino di olio di sesamo
- 1 cucchiaino di amido di mais
- ¾ libbra di cosce di pollo disossate e senza pelle, tagliate a bocconcini
- 3 cucchiai di olio vegetale, divisi
- 1 fetta di zenzero fresco sbucciato, delle dimensioni di un quarto
- Sale kosher
- 1 cipolla gialla piccola, tagliata a bocconcini
- ½ peperone rosso, tagliato a pezzetti
- ½ peperone giallo o verde, tagliato a pezzetti
- 3 spicchi d'aglio, tritati
- ⅓ tazza di salsa di fagioli neri o salsa di fagioli neri acquistata in negozio

Indicazioni:
a) In una ciotola capiente, mescola insieme la soia leggera, l'olio di sesamo e l'amido di mais finché l'amido di mais non

si scioglie. Aggiungere il pollo e saltare per ricoprire nella marinata. Mettere da parte il pollo a marinare per 10 minuti.

b) Scaldare un wok a fuoco medio-alto fino a quando una goccia d'acqua sfrigola ed evapora al contatto. Versare 2 cucchiai di olio vegetale e agitare per ricoprire la base del wok. Condite l'olio aggiungendo lo zenzero e un pizzico di sale. Lasciare sfrigolare lo zenzero nell'olio per circa 30 secondi, mescolando delicatamente.

c) Trasferire il pollo nel wok e scartare la marinata. Lascia rosolare i pezzi nel wok per 2 o 3 minuti. Capovolgere per scottare dall'altro lato per altri 1 o 2 minuti in più. Soffriggere girando e girando velocemente nel wok per un altro minuto. Trasferire in una ciotola pulita.

d) Aggiungere il restante 1 cucchiaio di olio e unire la cipolla e i peperoni. Soffriggere rapidamente per 2 o 3 minuti, rigirando e capovolgendo le verdure con una spatola da wok fino a quando la cipolla non appare traslucida ma ha ancora una consistenza soda. Aggiungere l'aglio e soffriggere per altri 30 secondi.

e) Rimettere il pollo nel wok e aggiungere la salsa di fagioli neri. Mescolare e girare fino a quando il pollo e le verdure non sono ricoperti.

f) Trasferite su un piatto da portata, eliminate lo zenzero e servite caldo.

52. Pollo Di Fagioli Verdi

ingredienti:
- ¾ libbra di cosce di pollo disossate e senza pelle, tagliate a striscioline sul grano
- 3 cucchiai di vino di riso Shaoxing, divisi
- 2 cucchiaini di amido di mais
- Sale kosher
- peperoncino in pezzi
- 3 cucchiai di olio vegetale, divisi
- 4 fette di zenzero fresco sbucciate, ciascuna delle dimensioni di un quarto
- ¾ libbra di fagiolini, tagliati e tagliati a metà trasversalmente in diagonale
- 2 cucchiai di salsa di soia leggera
- 1 cucchiaio di aceto di riso condito
- ¼ tazza di mandorle a scaglie, tostate
- 2 cucchiaini di olio di sesamo

Indicazioni:
a) In una terrina, unire il pollo con 1 cucchiaio di vino di riso, l'amido di mais, un pizzico di sale e un pizzico di scaglie di

peperoncino. Mescolare per ricoprire uniformemente il pollo. Marinare per 10 minuti.

b) Scaldare un wok a fuoco medio-alto fino a quando una goccia d'acqua sfrigola ed evapora al contatto. Versare 2 cucchiai di olio vegetale e agitare per ricoprire la base del wok. Condire l'olio aggiungendo lo zenzero e un pizzico di sale. Lasciare sfrigolare lo zenzero nell'olio per circa 30 secondi, mescolando delicatamente.

c) Aggiungere il pollo e la marinata nel wok e saltare in padella per 3-4 minuti, o finché il pollo non sarà leggermente scottato e non sarà più rosa. Trasferire in una ciotola pulita e mettere da parte.

d) Aggiungere il restante 1 cucchiaio di olio vegetale e soffriggere i fagiolini per 2 o 3 minuti, o finché non diventano di un verde brillante. Rimetti il pollo nel wok e mescola. Aggiungere i restanti 2 cucchiai di vino di riso, soia leggera e aceto. Mescolare per unire e ricoprire e lasciare sobbollire i fagiolini per altri 3 minuti, o fino a quando i fagiolini saranno teneri. Togliere lo zenzero e scartare.

e) Unire le mandorle e trasferirle su un piatto da portata. Irrorate con l'olio di sesamo e servite ben caldo.

53. Pollo in salsa di sesamo

ingredienti:
- 3 albumi grandi
- 3 cucchiai di amido di mais, divisi
- 1 cucchiaio e mezzo di salsa di soia leggera, divisa
- 1 libbra di cosce di pollo disossate e senza pelle, tagliate a bocconcini
- 3 tazze di olio vegetale
- 3 fette di zenzero fresco sbucciate, ciascuna delle dimensioni di un quarto
- Sale kosher
- peperoncino in pezzi
- 3 spicchi d'aglio, tritati grossolanamente
- $\frac{1}{4}$ tazza di brodo di pollo a basso contenuto di sodio
- 2 cucchiai di olio di sesamo
- 2 scalogni, affettati sottilmente, per guarnire
- 1 cucchiaio di semi di sesamo, per guarnire

Indicazioni:
a) In una terrina, usando una forchetta o una frusta, sbattere gli albumi fino a quando non diventano spumosi e i grumi più

stretti di albume sono spumosi. Mescolare insieme 2 cucchiai di amido di mais e 2 cucchiaini di soia chiara fino a quando non saranno ben amalgamati. Unire il pollo e marinare per 10 minuti.

b) Versare l'olio nel wok; l'olio dovrebbe essere profondo da 1 a 1 $\frac{1}{2}$ pollici. Portare l'olio a 375 ° F a fuoco medio-alto. Puoi dire che l'olio è alla giusta temperatura quando immergi l'estremità di un cucchiaio di legno nell'olio. Se l'olio bolle e sfrigola intorno ad esso, l'olio è pronto.

c) Utilizzando un mestolo forato o una schiumarola per wok, sollevare il pollo dalla marinata e scrollarsi di dosso l'eccesso. Abbassare con cura nell'olio caldo. Friggere il pollo in lotti per 3-4 minuti, o fino a quando il pollo non sarà dorato e croccante in superficie. Trasferire su un piatto foderato di carta assorbente.

d) Versare tutto tranne 1 cucchiaio di olio dal wok e metterlo a fuoco medio-alto. Mescolare l'olio per ricoprire la base del wok. Condire l'olio aggiungendo lo zenzero e un pizzico di sale e scaglie di peperoncino. Lasciare sfrigolare i fiocchi di zenzero e pepe nell'olio per circa 30 secondi, mescolando delicatamente.

e) Aggiungere l'aglio e soffriggere, rigirando e girando con una spatola per wok per 30 secondi. Unire il brodo di pollo, i restanti 2$\frac{1}{2}$ cucchiaini di soia chiara e il restante 1 cucchiaio di amido di mais. Cuocere a fuoco lento per 4-5 minuti, finché la salsa non si addensa e diventa lucida. Aggiungere l'olio di sesamo e mescolare per amalgamare.

f) Spegnete il fuoco e aggiungete il pollo fritto, mescolando per ricoprire con la salsa. Togliere lo zenzero e scartare. Trasferite su un piatto da portata e guarnite con lo scalogno affettato e i semi di sesamo.

54. Pollo in agrodolce

ingredienti:

- 2 cucchiaini di amido di mais
- 2 cucchiai d'acqua
- 3 cucchiai di olio vegetale, divisi
- 4 fette di zenzero fresco sbucciate, ciascuna delle dimensioni di un quarto
- Sale kosher
- $\frac{3}{4}$ libbra di cosce di pollo disossate e senza pelle, tagliate a bocconcini
- $\frac{1}{2}$ peperone rosso, tagliato a pezzi da $\frac{1}{2}$ pollice
- $\frac{1}{2}$ peperone verde, tagliato a pezzi da $\frac{1}{2}$ pollice
- $\frac{1}{2}$ cipolla gialla, tagliata a pezzi da $\frac{1}{2}$ pollice
- 1 barattolo (8 once) di pezzi di ananas, scolati, i succhi riservati
- 1 lattina (4 once) di castagne d'acqua affettate, scolate
- $\frac{1}{4}$ tazza di brodo di pollo a basso contenuto di sodio
- 2 cucchiai di zucchero di canna chiaro
- 2 cucchiai di aceto di mele
- 2 cucchiai di ketchup

- 1 cucchiaino di salsa Worcestershire
- 3 scalogni, affettati sottilmente, per guarnire

Indicazioni:
a) In una piccola ciotola, mescolate l'amido di mais e l'acqua e tenete da parte.

b) Scaldare un wok a fuoco medio-alto fino a quando una goccia d'acqua sfrigola ed evapora al contatto. Versate 2 cucchiai di olio e girate per ricoprire la base del wok. Condite l'olio aggiungendo lo zenzero e un pizzico di sale. Lasciare sfrigolare lo zenzero nell'olio per circa 30 secondi, mescolando delicatamente.

c) Aggiungere il pollo e rosolare contro il wok per 2 o 3 minuti. Capovolgere e saltare il pollo, saltando in padella per circa 1 minuto in più, o fino a quando non sarà più rosa. Trasferire in una ciotola e mettere da parte.

d) Aggiungere il restante 1 cucchiaio di olio e girare per ricoprire. Soffriggere i peperoni rossi e verdi e la cipolla per 3-4 minuti, fino a renderli morbidi e traslucidi. Aggiungere l'ananas e le castagne d'acqua e continuare a soffriggere per un altro minuto. Unite le verdure al pollo e tenete da parte.

e) Versare nel wok il succo di ananas, il brodo di pollo, lo zucchero di canna, l'aceto, il ketchup e la salsa

Worcestershire e portare a ebollizione. Mantenere il fuoco medio-alto e cuocere per circa 4 minuti, fino a quando il liquido non si sarà ridotto della metà.

f) Rimetti il pollo e le verdure nel wok e mescola per unire alla salsa. Mescolare velocemente la miscela di amido di mais e acqua e aggiungerla al wok. Mescolate e girate il tutto fino a quando l'amido di mais inizia ad addensare la salsa, diventando lucida.

g) Eliminate lo zenzero, trasferitelo su un piatto da portata, guarnite con lo scalogno e servite caldo.

55. Moo Goo Gai Pan

ingredienti:
- 1 cucchiaio di salsa di soia leggera
- 1 cucchiaio di vino di riso Shaoxing
- 2 cucchiaini di olio di sesamo
- ¾ libbra di petti di pollo disossati e senza pelle, tagliati a strisce sottili
- ½ tazza di brodo di pollo a basso contenuto di sodio
- 2 cucchiai di salsa di ostriche
- 1 cucchiaino di zucchero
- 1 cucchiaio di amido di mais
- 3 cucchiai di olio vegetale, divisi
- 4 fette di zenzero fresco sbucciate, ciascuna delle dimensioni di un quarto
- Sale kosher
- 4 once di funghi champignon freschi, affettati sottilmente
- 1 (4 once) lattina di germogli di bambù affettati, scolati
- 1 lattina (4 once) di castagne d'acqua affettate, scolate
- 1 spicchio d'aglio, tritato finemente

Indicazioni:

a) In una ciotola capiente, sbatti insieme la soia leggera, il vino di riso e l'olio di sesamo fino a ottenere un composto liscio. Aggiungere il pollo e mescolare per ricoprire. Marinare per 15 minuti.

b) In una piccola ciotola, sbatti insieme il brodo di pollo, la salsa di ostriche, lo zucchero e l'amido di mais fino ad ottenere un composto liscio e mettilo da parte.

c) Scaldare un wok a fuoco medio-alto fino a quando una goccia d'acqua sfrigola ed evapora al contatto. Versare 2 cucchiai di olio vegetale e agitare per ricoprire la base del wok. Condire l'olio aggiungendo lo zenzero e un pizzico di sale. Lasciare sfrigolare lo zenzero nell'olio per circa 30 secondi, mescolando delicatamente.

d) Aggiungere il pollo e scartare la marinata. Soffriggere per 2 o 3 minuti, fino a quando il pollo non sarà più rosa. Trasferire in una ciotola pulita e mettere da parte.

e) Aggiungi il restante 1 cucchiaio di olio vegetale. Soffriggere i funghi per 3-4 minuti, rigirandoli e girandoli velocemente. Non appena i funghi si saranno asciugati, smettete di saltare in padella e lasciate riposare i funghi contro il wok caldo per circa un minuto. Mescolare di nuovo e poi riposare ancora per un altro minuto.

f) Aggiungere i germogli di bambù, le castagne d'acqua e l'aglio. Soffriggere per 1 minuto, o fino a quando l'aglio è fragrante. Rimettete il pollo nel wok e mescolate per amalgamare.

g) Mescolate la salsa e aggiungetela al wok. Soffriggere e cuocere fino a quando la salsa inizia a bollire, circa 45 secondi. Continuare a girare e girare finché la salsa non si addensa e diventa lucida. Togliere lo zenzero e scartare. Trasferite su un piatto da portata e servite ben calde.

56. Egg Foo Yong

ingredienti:
- 5 uova grandi, a temperatura ambiente
- Sale kosher
- Pepe bianco macinato
- ½ tazza di cappucci di funghi shiitake affettati sottilmente
- ½ tazza di piselli surgelati, scongelati
- 2 scalogno, tritato
- 2 cucchiaini di olio di sesamo
- ½ tazza di brodo di pollo a basso contenuto di sodio
- 1 cucchiaio e mezzo di salsa di ostriche
- 1 cucchiaio di vino di riso Shaoxing
- ½ cucchiaino di zucchero
- 2 cucchiai di salsa di soia leggera
- 1 cucchiaio di amido di mais
- 3 cucchiai di olio vegetale
- Riso cotto, per servire

Indicazioni:

a) In una ciotola capiente sbattere le uova con un pizzico di sale e pepe bianco. Unire i funghi, i piselli, lo scalogno e l'olio di sesamo. Mettere da parte.

b) Preparare la salsa facendo sobbollire il brodo di pollo, la salsa di ostriche, il vino di riso e lo zucchero in una piccola casseruola a fuoco medio. In un piccolo misurino di vetro, sbatti la soia leggera e l'amido di mais fino a quando l'amido di mais non si è completamente sciolto. Versare la miscela di amido di mais nella salsa mescolando continuamente e cuocere per 3-4 minuti, finché la salsa non diventa abbastanza densa da ricoprire il dorso del cucchiaio. Coprire e mettere da parte.

c) Scaldare un wok a fuoco medio-alto fino a quando una goccia d'acqua sfrigola ed evapora al contatto. Versare l'olio vegetale e agitare per ricoprire la base del wok. Aggiungere il composto di uova e cuocere, roteando e agitando il wok fino a quando il lato inferiore non sarà dorato. Far scorrere la frittata fuori dalla padella su un piatto e capovolgere sul wok o girare con una spatola per cuocere dall'altro lato fino a doratura. Sformare la frittata su un piatto da portata e servire sul riso cotto con un cucchiaio di salsa.

57. Salsa in padella con uova di pomodoro

ingredienti:
- 4 uova grandi, a temperatura ambiente
- 1 cucchiaino di vino di riso Shaoxing
- ½ cucchiaino di olio di sesamo
- ½ cucchiaino di sale kosher
- Pepe nero appena macinato
- 3 cucchiai di olio vegetale, divisi
- 2 fette di zenzero fresco sbucciate, ciascuna delle dimensioni di un quarto
- 1 libbra di uva o pomodorini
- 1 cucchiaino di zucchero
- Riso cotto o tagliatelle, per servire

Indicazioni:
a) In una ciotola capiente sbattere le uova. Aggiungere il vino di riso, l'olio di sesamo, il sale e un pizzico di pepe e continuare a sbattere fino ad ottenere un composto omogeneo.

b) Scaldare un wok a fuoco medio-alto fino a quando una goccia d'acqua sfrigola ed evapora al contatto. Versare 2 cucchiai di olio vegetale e agitare per ricoprire la base del wok.

Amalgamare il composto di uova nel wok caldo. Agitare e scuotere le uova per cuocere. Trasferite le uova su un piatto da portata appena cotte ma non secche. Tenda con pellicola per tenersi al caldo.

c) Aggiungi il restante 1 cucchiaio di olio vegetale nel wok. Condite l'olio aggiungendo lo zenzero e un pizzico di sale. Lasciare sfrigolare lo zenzero nell'olio per circa 30 secondi, mescolando delicatamente.

d) Unire i pomodori e lo zucchero, mescolando per ricoprire con l'olio. Coprire e cuocere per circa 5 minuti, mescolando di tanto in tanto, fino a quando i pomodori non saranno morbidi e avranno rilasciato il loro sugo. Scartare le fette di zenzero e condire i pomodori con sale e pepe.

e) Adagiare i pomodori sulle uova e servire su riso o noodles cotti.

58. Gamberetti e uova strapazzate

ingredienti:
- 2 cucchiai di sale kosher, più altro per condire
- 2 cucchiai di zucchero
- 2 tazze di acqua fredda
- 6 once di gamberi medi (U41-50), sbucciati e sbucciati
- 4 uova grandi, a temperatura ambiente
- $\frac{1}{2}$ cucchiaino di olio di sesamo
- Pepe nero appena macinato
- 2 cucchiai di olio vegetale, divisi
- 2 fette di zenzero fresco sbucciate, ciascuna delle dimensioni di un quarto
- 2 spicchi d'aglio, affettati sottilmente
- 1 mazzetto di erba cipollina, tagliata a pezzi da $\frac{1}{2}$ pollice

Indicazioni:
a) In una ciotola capiente, sbatti il sale e lo zucchero nell'acqua fino a quando non si sciolgono. Aggiungere i gamberi alla salamoia. Coprire e conservare in frigorifero per 10 minuti.

b) Scolate i gamberi in uno scolapasta e sciacquateli. Scartare la salamoia. Stendete i gamberi su una teglia foderata di carta assorbente e asciugateli.

c) In un'altra ciotola capiente, sbattete le uova con l'olio di sesamo e un pizzico di sale e pepe fino a quando non saranno ben amalgamate. Mettere da parte.

d) Scaldare un wok a fuoco medio-alto fino a quando una goccia d'acqua sfrigola ed evapora al contatto. Versare 1 cucchiaio di olio vegetale e agitare per ricoprire la base del wok. Condite l'olio aggiungendo lo zenzero e un pizzico di sale. Lasciare sfrigolare lo zenzero nell'olio per circa 30 secondi, mescolando delicatamente.

e) Aggiungere l'aglio e soffriggere brevemente per insaporire l'olio, circa 10 secondi. Non lasciare che l'aglio bruci o bruci. Aggiungere i gamberi e saltare in padella per circa 2 minuti, finché non diventano rosa. Trasferire su un piatto ed eliminare lo zenzero.

f) Riportare il wok sul fuoco e aggiungere il restante 1 cucchiaio di olio vegetale. Quando l'olio è caldo, versate il composto di uova nel wok. Agitare e scuotere le uova per cuocere. Aggiungere l'erba cipollina nella padella e continuare la cottura fino a quando le uova non saranno cotte ma non secche. Rimettete i gamberi nella padella e fateli saltare per unire. Trasferire su un piatto da portata.

59. Crema pasticcera salata all'uovo al vapore

ingredienti:
- 4 uova grandi, a temperatura ambiente
- $1\frac{3}{4}$ tazze di brodo di pollo a basso contenuto di sodio o acqua filtrata
- 2 cucchiaini di vino di riso Shaoxing
- $\frac{1}{2}$ cucchiaino di sale kosher
- 2 scalogni, solo la parte verde, affettati sottilmente
- 4 cucchiaini di olio di sesamo

Indicazioni:

a) In una ciotola capiente sbattere le uova. Aggiungere il brodo e il vino di riso e frullare per amalgamare. Filtrare il composto di uova attraverso un colino a maglia fine posizionato su un misurino liquido per eliminare le bolle d'aria. Versare il composto di uova in 4 stampini (6 once). Con un coltello da cucina, fai scoppiare le bolle sulla superficie del composto di uova. Coprire gli stampini con un foglio di alluminio.

b) Sciacquare un cestello per la cottura a vapore di bambù e il suo coperchio sotto l'acqua fredda e metterlo nel wok. Versare 2 pollici di acqua, o fino a quando non arriva sopra il bordo inferiore del piroscafo di $\frac{1}{4}$ a $\frac{1}{2}$ pollice, ma non così tanto da toccare il fondo del cestello. Metti gli stampini nel cestello per la cottura a vapore. Coprire con il coperchio.

c) Portare l'acqua a ebollizione, quindi abbassare la fiamma a fuoco lento. Cuocere a fuoco basso per circa 10 minuti o fino a quando le uova non si saranno appena rapprese.

d) Togliere con cautela gli stampini dal piroscafo e guarnire ogni crema pasticcera con un po' di scalogno e qualche goccia di olio di sesamo. Servire subito.

60.   Ali di pollo fritte cinesi da asporto

ingredienti:
- 10 ali di pollo intere, lavate e asciugate
- 1/8 cucchiaino di pepe nero
- 1/4 cucchiaino di pepe bianco
- ¼ cucchiaino di aglio in polvere
- 1 cucchiaino di sale
- ½ cucchiaino di zucchero
- 1 cucchiaio di salsa di soia
- 1 cucchiaio di vino Shaoxing
- 1 cucchiaino di olio di sesamo
- 1 uovo
- 1 cucchiaio di amido di mais
- 2 cucchiai di farina
- Olio per friggere

Indicazioni:
a) Unire tutti gli ingredienti (tranne l'olio per friggere, ovviamente) in una ciotola capiente. Amalgamate il tutto fino a quando le ali non saranno ben ricoperte.
b) Lascia marinare le ali per 2 ore a temperatura ambiente o in frigorifero per una notte per ottenere i migliori risultati. (Se refrigerate le ali, assicuratevi di lasciarle tornare a temperatura ambiente prima della cottura).
c) Dopo la marinatura, se sembra che ci sia del liquido nelle ali, assicurati di mescolarle di nuovo accuratamente. Le ali dovrebbero essere ben ricoperte con un sottile rivestimento simile a una pastella. Se sembra ancora troppo acquoso, aggiungere un po' più di maizena e farina.

d) Riempi una pentola media per circa 2/3 con olio e scaldala a 325 gradi F.
e) Friggere le ali a piccoli pezzi per 5 minuti e trasferirle su una teglia foderata con carta assorbente. Dopo che tutte le ali sono fritte, rimetterle in lotti nell'olio e friggerle di nuovo per 3 minuti.
f) Scolare su carta assorbente o su una gratella e servire con salsa piccante!

61.   Pollo tailandese al basilico

SERVE 4

ingredienti:
- 3-4 cucchiai di olio
- 3 peperoncini Thai Bird o Holland, affettati sottilmente
- 3 scalogni, affettati sottilmente
- 5 spicchi d'aglio, affettati
- Pollo macinato da 1 libbra
- 2 cucchiaini di zucchero o miele
- 2 cucchiai di salsa di soia
- 1 cucchiaio di salsa di pesce
- ⅓ tazza di brodo di pollo a basso contenuto di sodio o acqua
- 1 mazzetto di basilico santo o foglie di basilico tailandese

Indicazioni:
a) In un wok a fuoco alto, aggiungere l'olio, i peperoncini, lo scalogno e l'aglio e soffriggere per 1-2 minuti.
b) Aggiungere il pollo macinato e saltare in padella per 2 minuti, spezzettando il pollo a pezzetti.
c) Aggiungere lo zucchero, la salsa di soia e la salsa di pesce. Soffriggere per un altro minuto e sfumare la padella con il brodo. Poiché la padella è a fuoco alto, il liquido dovrebbe evaporare molto rapidamente.
d) Aggiungere il basilico e saltare in padella fino a quando non appassisce.
e) Servire sul riso.

PESCE E FRUTTI DI MARE

62. Bocconcini di salmone e crema di formaggio

porzioni: 18

ingredienti:

- 3 uova medie
- ¼ cucchiaino di sale o a piacere
- ½ cucchiaino di aneto essiccato
- 0,88 once di salmone fresco o affumicato, tritato
- ½ tazza di panna
- 0,88 once di parmigiano grattugiato
- 0,88 once di crema di formaggio, a dadini

Indicazioni:
a) Ungere 18 pozzetti di una teglia per muffin con un po' di grasso.
b) Assicurati che il tuo forno sia preriscaldato a 360 ° F.
c) Aggiungere le uova in una ciotola e sbattere bene. Aggiungere sale e panna e frullare bene.
d) Aggiungere il parmigiano, la crema di formaggio e l'aneto e mescolare.
e) Dividere il composto di uova nei 18 pozzetti della teglia per mini muffin.
f) Metti almeno 1 - 2 pezzi di salmone in ogni pozzetto.
g) Metti la teglia per muffin nel forno e cuoci per circa 12 - 15 minuti o fino a quando non si sarà solidificata.
h) Raffredda i mini muffin sul piano di lavoro.
i) Toglieteli dagli stampini e servite.

63. Filetti Di Pesce Al Forno

porzioni: 3

ingredienti:
- 2 cucchiai di burro, sciolto
- Un pizzico di paprika macinata
- 3 filetti di pesce (5 once)
- Pepe qb
- 1 cucchiaio di succo di limone
- $\frac{1}{2}$ cucchiaino di sale

Indicazioni:

a) Assicurati che il tuo forno sia preriscaldato a 350 ° F.
b) Preparare una teglia ungendola con un po' di grasso.
c) Cospargere di sale e pepe i filetti e metterli in padella.
d) Aggiungere il burro, la paprika e il succo di limone in una ciotola e mescolare. Spennellare questo composto sui filetti.
e) Mettere la teglia in forno e cuocere i filetti per 15-25 minuti, fino a quando il pesce si sfalda facilmente quando bucato con una forchetta.

64. torta al salmone

porzioni: 8

ingredienti:
- 2 barattoli di salmone (14,75 once ciascuno), sgocciolati
- 8 cucchiai di collagene
- 2 tazze di mozzarella grattugiata
- 1 cucchiaino di cipolla in polvere
- 4 grandi uova al pascolo
- 4 cucchiaini di aneto essiccato
- 1 cucchiaino di sale marino rosa o a piacere
- 4 cucchiai di grasso di pancetta

Indicazioni:
a) Aggiungere il salmone, il collagene, la mozzarella, la cipolla in polvere, le uova, l'aneto e il sale in una ciotola e mescolare bene.
b) Fare 8 polpette dal composto.
c) Mettere una padella capiente su fuoco medio-basso con unto di pancetta. Una volta che il grasso si sarà ben scaldato, mettete i tortini al salmone nella padella e cuoceteli fino a quando non saranno ben dorati su tutti i lati.
d) Togliere la padella dal fuoco e lasciare le polpette nel grasso cotto per 5 minuti. Servire.

65. Aragosta spezzata alla griglia

porzioni: 4

ingredienti:
- 4 cucchiai di olio d'oliva o burro fuso
- Sale kosher qb
- 4 aragoste vive (1 ½ libbra ciascuna)
- Pepe macinato fresco a piacere
- Burro fuso per servire
- Salsa piccante
- Spicchi di limone per servire

Indicazioni:
a) Mettere le aragoste vive nel congelatore per 15 minuti.
b) Mettili sul tagliere con la pancia in giù sul tagliere. Tieni la coda. Dividere gli astici a metà nel senso della lunghezza. Inizia dal punto in cui la coda si unisce al corpo e sali fino alla testa. Capovolgere i lati e tagliarlo per il lungo attraverso la coda.
c) Strofinare il burro fuso sulla parte tagliata, subito dopo averlo tagliato. Cospargere di sale e pepe.
d) Prepara la griglia e preriscaldala a fuoco alto per 5-10 minuti. Pulite la griglia e abbassate la fiamma a fuoco basso.
e) Metti le aragoste sulla griglia e premi le chele sulla griglia fino a cottura: griglia per 6-8 minuti.
f) Capovolgere i lati e cuocere fino a quando non è ben cotto e leggermente carbonizzato.
g) Trasferire su un piatto. Spennellate sopra il burro fuso e servite.

66. Brodo di lische di pesce

porzioni: 8

ingredienti:
- 2 libbre di testa di pesce o carcassa
- Sale a piacere
- 7 - 8 litri d'acqua + extra per sbollentare
- 2 pollici di zenzero, affettato
- 2 cucchiai di succo di limone

Indicazioni:
a) Per sbollentare il pesce: aggiungere l'acqua e le teste di pesce in una pentola capiente. Metti la pentola a fuoco alto.
b) Quando bolle, spegnere il fuoco ed eliminare l'acqua.
c) Riponete il pesce nella pentola. Versare 7-8 litri di acqua.
d) Metti la pentola a fuoco alto. Aggiungere lo zenzero, il sale e il succo di limone.
e) Quando il composto bolle, abbassate la fiamma e coprite con un coperchio. Fate sobbollire per 4 ore.
f) Togliere dal fuoco. Quando si sarà raffreddata, filtratela in un barattolo capiente con un colino a rete metallica.
g) Mettere in frigo per 5-6 giorni. Il brodo non utilizzato può essere congelato.

67. Gamberetti Al Burro Di Aglio

porzioni: 8 (4 gamberi per)

ingredienti:
- 1 tazza di burro non salato, diviso
- Sale kosher qb
- ½ tazza di brodo di pollo
- Pepe macinato fresco a piacere
- ¼ tazza di foglie di prezzemolo fresco tritate
- 3 libbre di gamberetti medi, sbucciati, senza sbucciatura
- 10 spicchi d'aglio, sbucciati, tritati
- Succo di 2 limoni

Indicazioni:
a) Aggiungere 4 cucchiai di burro in una padella capiente e mettere la padella a fuoco medio-alto. Una volta che il burro si scioglie, aggiungere sale, gamberi e pepe e cuocere per 2-3 minuti. Mescola ogni minuto circa. Togliere i gamberi con una schiumarola e metterli su un piatto.
b) Aggiungere l'aglio nella pentola e cuocere fino a quando non si ottiene un buon profumo. Versare il succo di limone e il brodo e mescolare.
c) Quando raggiunge il bollore, abbassare la fiamma e cuocere fino a quando il brodo non si riduce della metà della sua quantità iniziale.
d) Aggiungere il resto del burro, un cucchiaio ogni volta, e mescolare finché non si scioglie ogni volta.
e) Aggiungere i gamberi e mescolare leggermente fino a quando non saranno ben ricoperti.
f) Spolverizzate sopra il prezzemolo e servite.

68. Gambero grigliato

porzioni: 8

ingredienti:
Condimento Di Gamberi
- 2 cucchiaini di aglio in polvere
- 2 cucchiaini di condimento italiano
- 2 cucchiaini di sale kosher
- $\frac{1}{2}$ - 1 cucchiaino di pepe di Caienna

Grigliare
- 4 cucchiai di olio extravergine di oliva
- 2 libbre di gamberi, sbucciati, privati
- 2 cucchiai di succo di limone fresco
- Olio per ungere la griglia grattugiata

Indicazioni:
a) Nel caso lo stiate cuocendo in forno, preparate una teglia rivestendola con carta stagnola e ungendo anche la carta stagnola, con un po' di grasso.
b) Aggiungere l'aglio in polvere, il pepe di Caienna, il sale e il condimento italiano in una ciotola capiente e mescolare bene.
c) Aggiungere il succo di limone e l'olio e mescolare bene.
d) Unire i gamberi. Assicurati che i gamberi siano ben ricoperti con il composto.
e) Ungete le griglie con un po' d'olio. Grigliate i gamberi o cuoceteli in forno finché non diventano rosa. Dovrebbero volerci 2 - 3 minuti per lato.

69. Merluzzo saltato in padella con ghee all'aglio

porzioni: 2

ingredienti:
- 2 filetti di merluzzo (4,8 once ciascuno)
- 3 spicchi d'aglio, pelati, tritati
- Sale a piacere
- 1 ½ cucchiaio di burro chiarificato
- ½ cucchiaio di aglio in polvere (facoltativo)

Indicazioni:
a) Mettere una padella a fuoco medio-alto. Aggiungi il burro chiarificato.
b) Una volta che il burro chiarificato si scioglie, unire metà dell'aglio e cuocere per circa 6-10 secondi.
c) Aggiungere i filetti e condire con aglio in polvere e sale.
d) Presto il colore del pesce diventerà assolutamente bianco. Questo colore dovrebbe essere visibile per circa la metà dell'altezza del pesce.
e) Capovolgere il pesce e farlo cuocere, aggiungendo l'aglio rimasto.
f) Quando l'intero filetto diventa bianco, togliere dalla padella e servire.

70. Gamberetti sale e pepe

ingredienti:
- 1 cucchiaio di sale kosher
- 1½ cucchiaino di pepe di Sichuan
- 1 ½ libbra di gamberi grandi (U31-35), sbucciati e privati della coda, senza code
- ½ tazza di olio vegetale
- 1 tazza di amido di mais
- 4 scalogni, affettati in diagonale
- 1 peperoncino jalapeño, tagliato a metà e privato dei semi, affettato sottilmente
- 6 spicchi d'aglio, affettati sottilmente

Indicazioni:

a) In una piccola padella o padella a fuoco medio, tostare il sale e i grani di pepe fino a quando non diventano aromatici, agitando e mescolando spesso per evitare che brucino. Trasferire in una ciotola a raffreddare completamente. Macina il sale e il pepe in grani insieme in un macinaspezie o con un mortaio e un pestello. Trasferire in una ciotola e mettere da parte.

b) Asciugare i gamberi con un tovagliolo di carta.

c) In un wok, scalda l'olio a fuoco medio-alto fino a 375 ° F, o finché non bolle e sfrigola attorno all'estremità di un cucchiaio di legno.

d) Metti l'amido di mais in una ciotola capiente. Poco prima di essere pronti per friggere i gamberi, gettare metà dei gamberetti per ricoprire l'amido di mais e scrollarsi di dosso l'amido di mais in eccesso.

e) Friggere i gamberi per 1 o 2 minuti, finché non diventano rosa. Usando una schiumarola per wok, trasferisci i gamberi fritti su una griglia posizionata su una teglia per farli scolare. Ripeti il processo con i gamberetti rimanenti, aggiungi l'amido di mais, frigge e trasferisci sulla griglia per farli scolare.

f) Una volta che tutti i gamberetti sono cotti, rimuovere con cura tutto l'olio tranne 2 cucchiai e riportare il wok a fuoco medio. Aggiungere lo scalogno, il jalapeño e l'aglio e saltare in padella fino a quando lo scalogno e il jalapeño diventano di un verde brillante e l'aglio è aromatico. Rimetti i gamberetti nel wok, condisci a piacere con il composto di sale e pepe (potresti non usarlo tutto) e mescola per ricoprire. Trasferite i gamberi su un piatto da portata e serviteli ben caldi.

71.   Gambero ubriaco

SERVE 4

ingredienti:
- 2 tazze di vino di riso Shaoxing
- 4 fette di zenzero fresco sbucciate, ciascuna delle dimensioni di un quarto
- 2 cucchiai di bacche di goji essiccate (facoltativo)
- 2 cucchiaini di zucchero
- Gambero jumbo da 1 libbra (U21-25), sbucciato e privato della coda, senza code
- 2 cucchiai di olio vegetale
- Sale kosher
- 2 cucchiaini di amido di mais

Indicazioni:
a) In una ciotola ampia, mescolate il vino di riso, lo zenzero, le bacche di goji (se utilizzate) e lo zucchero fino a quando lo zucchero non si sarà sciolto. Aggiungere i gamberi e coprire. Marinare in frigorifero per 20-30 minuti.

b) Versare i gamberi e la marinata in uno scolapasta posto su una ciotola. Riserva ½ tazza di marinata e scarta il resto.

c) Scaldare un wok a fuoco medio-alto fino a quando una goccia d'acqua sfrigola ed evapora al contatto. Versare l'olio e girare per ricoprire la base del wok. Condite l'olio aggiungendo un pizzico di sale e girate delicatamente.

d) Aggiungere i gamberi e saltare in padella energicamente, aggiungendo un pizzico di sale mentre si girano e si girano i gamberi nel wok. Continua a muovere i gamberetti per circa 3 minuti, finché non diventano appena rosa.

e) Mescolare l'amido di mais nella marinata riservata e versarlo sui gamberi. Saltare i gamberi e ricoprire con la marinata. Si addenserà in una salsa lucida quando inizierà a bollire, circa altri 5 minuti in più.

f) Trasferisci i gamberi e le bacche di goji su un piatto da portata, elimina lo zenzero e servi caldo.

72. Gamberetti saltati in padella alla Shanghai

ingredienti:
- Gambero medio-grande da 1 libbra (U31-40), sbucciato e sbucciato, con le code lasciate
- 2 cucchiai di olio vegetale
- Sale kosher
- 2 cucchiaini di vino di riso Shaoxing
- 2 scalogni, finemente tagliati a julienne

Indicazioni:

a) Usando delle forbici da cucina affilate o un coltello da cucina, affettare i gamberi a metà nel senso della lunghezza, mantenendo intatta la sezione della coda. Poiché i gamberetti sono saltati in padella, tagliarli in questo modo darà più superficie e creerà una forma e una consistenza uniche!

b) Asciugate i gamberi con carta assorbente e teneteli asciutti. Più i gamberi sono asciutti, più il piatto sarà saporito. Potete conservare i gamberi in frigorifero, arrotolati in carta assorbente, per un massimo di 2 ore prima della cottura.

c) Scaldare un wok a fuoco medio-alto fino a quando una goccia d'acqua sfrigola ed evapora al contatto. Versare l'olio e girare per ricoprire la base del wok. Condite l'olio aggiungendo un pizzico di sale e girate delicatamente.

d) Aggiungere i gamberi tutti in una volta nel wok caldo. Mescolare e girare velocemente per 2 o 3 minuti, fino a quando i gamberetti iniziano a diventare rosa. Condite con un altro pizzico di sale e sfumate con il vino di riso. Lascia bollire il vino mentre continui a soffriggere, per altri 2 minuti circa. I gamberi dovrebbero separarsi e arricciarsi, ancora attaccati alla coda.

e) Trasferire su un piatto da portata e guarnire con lo scalogno. Servire caldo.

73. Gambero Noce

ingredienti:
- Spray antiaderente all'olio vegetale
- Gambero jumbo da 1 libbra (U21-25), sbucciato
- Da 25 a 30 metà di noci
- 3 tazze di olio vegetale, per friggere
- 2 cucchiai di zucchero
- 2 cucchiai d'acqua
- ¼ di tazza di maionese
- 3 cucchiai di latte condensato zuccherato
- ¼ cucchiaino di aceto di riso
- Sale kosher
- ⅓ tazza di amido di mais

Indicazioni:
a) Foderate una teglia con carta da forno e spruzzate leggermente di spray da cucina. Mettere da parte.
b) Farfallare i gamberi tenendoli su un tagliere con il lato curvo rivolto verso il basso. Partendo dalla zona della testa, inserisci la punta di uno spelucchino per tre quarti nei gamberi. Fai una fetta al centro della schiena del gambero fino alla coda. Non tagliare completamente i gamberi e non

tagliare nella zona della coda. Aprite i gamberi a libro e stendeteli appiattiti. Pulisci la vena (il tubo digerente dei gamberetti) se è visibile e sciacqua i gamberi sotto l'acqua fredda, quindi asciugali con un tovagliolo di carta. Mettere da parte.

c) In un wok, scalda l'olio a fuoco medio-alto fino a 375 ° F, o finché non bolle e sfrigola attorno all'estremità di un cucchiaio di legno. Friggere le noci fino a doratura, da 3 a 4 minuti, e, usando una schiumarola per wok, trasferire le noci su un piatto foderato di carta assorbente. Mettere da parte e spegnere il fuoco.

d) In una piccola casseruola, mescolate lo zucchero e l'acqua e portate a ebollizione a fuoco medio-alto, mescolando di tanto in tanto, fino a quando lo zucchero non si sarà sciolto. Abbassare il fuoco a fuoco medio e cuocere a fuoco lento per ridurre lo sciroppo per 5 minuti, o finché lo sciroppo non è denso e lucido. Aggiungere le noci e mescolare per ricoprirle completamente con lo sciroppo. Trasferire le noci sulla teglia preparata e mettere da parte a raffreddare. Lo zucchero dovrebbe indurirsi attorno alle noci e formare un guscio candito.

e) In una ciotolina mescolate la maionese, il latte condensato, l'aceto di riso e un pizzico di sale. Mettere da parte.

f) Riporta l'olio del wok a 375 ° F a fuoco medio-alto. Mentre l'olio si scalda, condite leggermente i gamberi con un pizzico di sale. In una terrina, mescolate i gamberi con l'amido di mais fino a quando non saranno ben ricoperti. Lavorando in piccoli lotti, scrollate i gamberi dall'amido di mais in eccesso e friggeteli nell'olio, spostandoli velocemente nell'olio in modo che non si attacchino. Friggere i gamberi per 2 o 3 minuti fino a doratura.

g) Trasferire in una ciotola pulita e irrorare con la salsa. Piegare delicatamente fino a quando i gamberi non saranno ricoperti in modo uniforme. Disporre i gamberi su un piatto da portata e guarnire con le noci candite. Servire caldo.

74. Capesante Vellutate

ingredienti:
- 1 albume grande
- 2 cucchiai di amido di mais
- 2 cucchiai di vino di riso Shaoxing, divisi
- 1 cucchiaino di sale kosher, diviso
- Capesante fresche da 1 libbra, sciacquate, private dei muscoli e tamponate
- 3 cucchiai di olio vegetale, divisi
- 1 cucchiaio di salsa di soia leggera
- $\frac{1}{4}$ tazza di succo d'arancia appena spremuto
- Scorza grattugiata di 1 arancia
- Fiocchi di peperoncino (facoltativo)
- 2 scalogni, solo la parte verde, affettati sottilmente, per guarnire

Indicazioni:
a) In una ciotola capiente, unire l'albume, l'amido di mais, 1 cucchiaio di vino di riso e $\frac{1}{2}$ cucchiaino di sale e mescolare con una piccola frusta finché l'amido di mais non si scioglie completamente e non è più grumoso. Unire le capesante e mettere in frigo per 30 minuti.

b) Togliere le capesante dal frigo. Portare a bollore una pentola d'acqua di medie dimensioni. Aggiungi 1 cucchiaio di olio vegetale e fai sobbollire. Aggiungere le capesante all'acqua bollente e cuocere per 15-20 secondi, mescolando continuamente fino a quando le capesante diventano appena opache (le capesante non saranno completamente cotte). Usando una schiumarola da wok, trasferisci le capesante su una teglia foderata di carta assorbente e asciugale con carta assorbente.

c) In un misurino di vetro, unire il restante 1 cucchiaio di vino di riso, la soia leggera, il succo d'arancia, la scorza d'arancia e un pizzico di scaglie di peperoncino (se utilizzato) e mettere da parte.

d) Scaldare un wok a fuoco medio-alto fino a quando una goccia d'acqua sfrigola ed evapora al contatto. Versate i restanti 2 cucchiai di olio e girate per ricoprire la base del wok. Condire l'olio aggiungendo il restante $\frac{1}{2}$ cucchiaino di sale.

e) Aggiungere le capesante vellutate nel wok e mantecare con la salsa. Soffriggere le capesante fino a quando non sono appena cotte, circa 1 minuto. Trasferire in un piatto da portata e guarnire con lo scalogno.

75.   Frutti di mare e verdure saltate in padella con noodles

ingredienti:
- 1 tazza di olio vegetale, diviso
- 3 fette di zenzero fresco sbucciate
- Sale kosher
- 1 peperone rosso, tagliato a pezzi da 1 pollice
- 1 cipolla bianca piccola, tagliata a striscioline verticali lunghe e sottili
- 1 manciata grande di piselli, senza fili
- 2 spicchi d'aglio grandi, tritati finemente
- $\frac{1}{2}$ libbra di gamberi o pesce, tagliati a pezzi da 1 pollice
- 1 cucchiaio di salsa di fagioli neri
- $\frac{1}{2}$ libbra di spaghetti di riso con vermicelli essiccati o spaghetti di fagioli

Indicazioni:
a) Scaldare un wok a fuoco medio-alto fino a quando una goccia d'acqua sfrigola ed evapora al contatto. Versate 2 cucchiai di olio e girate per ricoprire la base del wok. Condire l'olio aggiungendo le fettine di zenzero e un pizzico di sale. Lasciare sfrigolare lo zenzero nell'olio per circa 30 secondi, mescolando delicatamente.

b) Aggiungere il peperone e la cipolla e soffriggere velocemente rigirandoli e girandoli nel wok usando una spatola per wok.

c) Condire leggermente con sale e continuare a soffriggere per 4-6 minuti, fino a quando la cipolla appare morbida e traslucida. Aggiungere le taccole e l'aglio, mescolando e girando finché l'aglio non sarà fragrante, circa un altro minuto. Trasferite le verdure in un piatto.

d) Scaldare un altro cucchiaio di olio e aggiungere i gamberi o il pesce. Mescolate delicatamente e condite leggermente con un pizzico di sale. Soffriggere per 3-4 minuti, o fino a quando i gamberetti diventano rosa o il pesce inizia a sfaldarsi. Restituire le verdure e mescolare il tutto per un altro minuto. Eliminate lo zenzero e trasferite i gamberi su un piatto da portata. Tenda con pellicola per tenersi al caldo.

e) Pulite il wok e rimettete a fuoco medio-alto. Versare l'olio rimanente (circa ¾ tazza) e riscaldare a 375 ° F, o finché non bolle e sfrigola attorno all'estremità di un cucchiaio di legno. Non appena l'olio sarà a temperatura, aggiungete le tagliatelle essiccate. Cominceranno immediatamente a sbuffare ea lievitare dall'olio. Usando una pinza, capovolgi la nuvola di noodles se hai bisogno di friggere la parte superiore, quindi sollevala delicatamente dall'olio e trasferiscila su un piatto foderato di carta assorbente per farla scolare e raffreddare.

f) Rompere delicatamente le tagliatelle in pezzi più piccoli e cospargerle sulle verdure saltate in padella e sui gamberi. Servire subito.

76. Pesce intero al vapore con zenzero e scalogno

ingredienti:
Per il pesce

- 1 pesce bianco intero, circa 2 libbre, testa e pulito
- ½ tazza di sale kosher, per la pulizia
- 3 scalogni, tagliati a pezzi da 3 pollici
- 4 fette di zenzero fresco sbucciate, ciascuna delle dimensioni di un quarto
- 2 cucchiai di vino di riso Shaoxing

Per la salsa

- 2 cucchiai di salsa di soia leggera
- 1 cucchiaio di olio di sesamo
- 2 cucchiaini di zucchero

Per l'olio di zenzero sfrigolante

- 3 cucchiai di olio vegetale
- 2 cucchiai di zenzero fresco sbucciato e tagliato a julienne finemente a striscioline
- 2 scalogni, affettati sottilmente
- Cipolla rossa, affettata sottilmente (facoltativa)

- Coriandolo (facoltativo)

Indicazioni:

a) Strofina il pesce dentro e fuori con il sale kosher. Sciacquare il pesce e asciugarlo tamponando con carta assorbente.

b) Su un piatto abbastanza grande da stare in un cestello per la cottura a vapore di bambù, fai un letto usando metà di ciascuno degli scalogni e dello zenzero. Adagiare sopra il pesce e farcire dentro il pesce lo scalogno e lo zenzero rimasti. Sfumate con il vino di riso sul pesce.

c) Sciacquare un cestello per la cottura a vapore di bambù e il suo coperchio sotto l'acqua fredda e metterlo nel wok. Versare circa 2 pollici di acqua fredda, o fino a quando non arriva sopra il bordo inferiore della vaporiera di circa $\frac{1}{4}$ a $\frac{1}{2}$ pollice, ma non così in alto che l'acqua tocchi il fondo del cestello. Portare l'acqua a bollore.

d) Mettere il piatto nel cestello per la cottura a vapore e coprire. Cuocere a vapore il pesce a fuoco medio per 15 minuti (aggiungere 2 minuti per ogni mezzo chilo in più). Prima di togliere dal wok, bucherellare il pesce con una forchetta vicino alla testa. Se la carne si sfalda, è fatta. Se la polpa si attacca ancora, cuoci a vapore per altri 2 minuti.

e) Mentre il pesce cuoce a vapore, in una piccola padella scaldare a fuoco basso la soia chiara, l'olio di sesamo e lo zucchero e mettere da parte.

f) Una volta che il pesce sarà cotto, trasferitelo su un piatto pulito. Eliminare il liquido di cottura e gli aromi dalla piastra fumante. Versare la miscela calda di salsa di soia sul pesce. Tenda con un foglio per tenerlo caldo mentre prepari l'olio.

77. Pesce saltato in padella con zenzero e cavolo cinese

ingredienti:
- 1 albume grande
- 1 cucchiaio di vino di riso Shaoxing
- 2 cucchiaini di amido di mais
- 1 cucchiaino di olio di sesamo
- ½ cucchiaino di salsa di soia leggera
- Filetti di pesce disossati da 1 libbra, tagliati a pezzi da 2 pollici
- 4 cucchiai di olio vegetale, divisi
- Sale kosher
- 4 fette di zenzero fresco sbucciate, delle dimensioni di un quarto
- Cavolo cinese a 3 teste, tagliato a bocconcini
- 1 spicchio d'aglio, tritato

Indicazioni:
a) In una ciotola media, mescolare insieme l'albume, il vino di riso, l'amido di mais, l'olio di sesamo e la soia leggera. Aggiungere il pesce alla marinata e mescolare per ricoprire. Marinare per 10 minuti.

b) Scaldare un wok a fuoco medio-alto fino a quando una goccia d'acqua sfrigola ed evapora al contatto. Versare 2 cucchiai di olio vegetale e agitare per ricoprire la base del wok. Condite l'olio aggiungendo un pizzico di sale e girate delicatamente.

c) Con un mestolo forato, sollevare il pesce dalla marinata e rosolarlo nel wok per circa 2 minuti per lato, finché non sarà leggermente dorato su entrambi i lati. Trasferite il pesce in un piatto e tenete da parte.

d) Aggiungere i restanti 2 cucchiai di olio vegetale nel wok. Aggiungere un altro pizzico di sale e lo zenzero e condire l'olio, roteando dolcemente per 30 secondi. Aggiungere il cavolo cinese e l'aglio e saltare in padella per 3-4 minuti, mescolando continuamente, finché il cavolo cinese non sarà tenero.

e) Rimetti il pesce nel wok e mescola delicatamente con il cavolo cinese fino a quando non si sarà amalgamato. Condite leggermente con un altro pizzico di sale. Trasferite su un piatto da portata, eliminate lo zenzero e servite subito.

78. Cozze in salsa di fagioli neri

ingredienti:
- 3 cucchiai di olio vegetale
- 2 fette di zenzero fresco sbucciate, ciascuna delle dimensioni di un quarto
- Sale kosher
- 2 scalogni, tagliati a pezzi lunghi 2 pollici
- 4 spicchi d'aglio grandi, affettati sottilmente
- 2 libbre di cozze PEI vive, lavato e debarbuto
- 2 cucchiai di vino di riso Shaoxing
- 2 cucchiai di salsa di fagioli neri o salsa di fagioli neri acquistata in negozio
- 2 cucchiaini di olio di sesamo
- ½ mazzetto di coriandolo fresco, tritato grossolanamente

Indicazioni:
a) Scaldare un wok a fuoco medio-alto fino a quando una goccia d'acqua sfrigola ed evapora al contatto. Versare l'olio vegetale e agitare per ricoprire la base del wok. Condire l'olio aggiungendo le fettine di zenzero e un pizzico di sale. Lasciare sfrigolare lo zenzero nell'olio per circa 30 secondi, mescolando delicatamente.

b) Aggiungere gli scalogni e l'aglio e saltare in padella per 10 secondi, o fino a quando gli scalogni non saranno appassiti.

c) Aggiungere le cozze e saltare per ricoprire con l'olio. Sfumate con il vino di riso sui lati del wok e mescolate brevemente. Coprire e cuocere a vapore per 6-8 minuti, fino a quando le cozze non si aprono.

d) Scoprire e aggiungere la salsa di fagioli neri, rigirando per ricoprire le cozze. Coprite e lasciate cuocere a vapore per altri 2 minuti. Scoprire e scolare, eliminando le cozze che non si sono aperte.

e) Irrorate le cozze con l'olio di sesamo. Mescolare brevemente fino a quando l'olio di sesamo è fragrante. Eliminate lo zenzero, trasferite le cozze su un piatto da portata e guarnite con il coriandolo.

79. Granchio Al Cocco Al Curry

ingredienti:
- 2 cucchiai di olio vegetale
- 2 fette di zenzero fresco sbucciate, delle dimensioni di un quarto
- Sale kosher
- 1 scalogno, affettato sottilmente
- 1 cucchiaio di curry in polvere
- 1 lattina (13,5 once) di latte di cocco
- $\frac{1}{4}$ cucchiaino di zucchero
- 1 cucchiaio di vino di riso Shaoxing
- 1 libbra di polpa di granchio in scatola, scolata e raccolta per rimuovere i pezzi di guscio
- Pepe nero appena macinato
- $\frac{1}{4}$ tazza di coriandolo fresco tritato o prezzemolo a foglia piatta, per guarnire
- Riso cotto, per servire

Indicazioni:
a) Scaldare un wok a fuoco medio-alto fino a quando una goccia d'acqua sfrigola ed evapora al contatto. Versare l'olio e girare per ricoprire la base del wok. Condire l'olio

aggiungendo le fette di zenzero e un pizzico di sale. Lasciare sfrigolare lo zenzero nell'olio per circa 30 secondi, mescolando delicatamente.

b) Aggiungere lo scalogno e soffriggere per circa 10 secondi. Aggiungere il curry in polvere e mescolare fino a quando diventa fragrante per altri 10 secondi.

c) Unire il latte di cocco, lo zucchero e il vino di riso, coprire il wok e cuocere per 5 minuti.

d) Unire il granchio, coprire con il coperchio e cuocere fino a quando non sarà ben caldo, circa 5 minuti. Togliere il coperchio, aggiustare di sale e pepe e scartare lo zenzero. Versare sopra una ciotola di riso e guarnire con coriandolo tritato.

80. Calamari Al Pepe Nero Fritti

ingredienti:
- 3 tazze di olio vegetale
- Tubi e tentacoli di calamari da 1 libbra, puliti e tagliati a tubi ⅓ anelli da pollici
- ½ tazza di farina di riso
- Sale kosher
- ¼ cucchiaino di pepe nero appena macinato
- ¾ tazza di acqua frizzante, tenuta ghiacciata
- 2 cucchiai di coriandolo fresco tritato grossolanamente

Indicazioni:
a) Versare l'olio nel wok; l'olio dovrebbe essere profondo da 1 a 1 ½ pollici. Portare l'olio a 375 ° F a fuoco medio-alto. Puoi dire che l'olio è alla giusta temperatura quando bolle e sfrigola intorno all'estremità di un cucchiaio di legno quando viene immerso. Asciuga i calamari con carta assorbente.

b) Nel frattempo, in una ciotola poco profonda, mescolate la farina di riso con un pizzico di sale e il pepe. Sbattere in acqua frizzante quanto basta per formare una pastella sottile. Incorporate i calamari e, lavorando in lotti, sollevateli dalla pastella aiutandovi con una schiumarola da wok o una schiumarola, scrollando via l'eccesso. Abbassare con cura nell'olio caldo.

c) Cuocete i calamari per circa 3 minuti, finché non saranno dorati e croccanti. Utilizzando una schiumarola da wok, togliere i calamari dall'olio e trasferirli su un piatto foderato di carta assorbente e condire leggermente con sale. Ripetere con i restanti calamari.

d) Trasferire i calamari su un piatto da portata e guarnire con il coriandolo. Servire caldo.

81. Ostriche Fritte con Confetti Chili-Aglio

ingredienti:
- 1 contenitore (16 once) di piccole ostriche sgusciate
- ½ tazza di farina di riso
- ½ tazza di farina per tutti gli usi, divisa
- ½ cucchiaino di lievito in polvere
- Sale kosher
- Pepe bianco macinato
- ¼ cucchiaino di cipolla in polvere
- ¾ tazza di acqua frizzante, refrigerata
- 1 cucchiaino di olio di sesamo
- 3 tazze di olio vegetale
- 3 spicchi d'aglio grandi, affettati sottilmente
- 1 peperoncino rosso piccolo, tagliato a dadini
- 1 peperoncino verde piccolo, tagliato a dadini
- 1 scalogno, affettato sottilmente

Indicazioni:

a) In una terrina, mescolate insieme la farina di riso, ¼ tazza di farina per tutti gli usi, il lievito, un pizzico di sale e pepe bianco e la cipolla in polvere. Aggiungere l'acqua frizzante e l'olio di sesamo, mescolare fino a ottenere un composto liscio e mettere da parte.

b) In un wok, scalda l'olio vegetale a fuoco medio-alto fino a 375 ° F, o finché non bolle e sfrigola attorno all'estremità di un cucchiaio di legno.

c) Asciugare le ostriche con un tovagliolo di carta e passarle nella restante ¼ tazza di farina per tutti gli usi. Immergete le ostriche una alla volta nella pastella di farina di riso e adagiatele con cura nell'olio bollente.

d) Friggere le ostriche per 3-4 minuti o fino a doratura. Trasferire su una griglia di raffreddamento montata su una teglia a scolare. Cospargere leggermente di sale.

e) Riportare la temperatura dell'olio a 375°F e friggere brevemente l'aglio e i peperoncini finché non sono croccanti ma ancora colorati, circa 45 secondi. Con una schiumarola, togliere l'olio e metterlo su un piatto foderato di carta assorbente.

f) Disporre le ostriche su un vassoio e cospargere l'aglio e i peperoncini. Guarnire con lo scalogno affettato e servire subito.

82.   Friggitrice ad aria gamberetti al cocco

ingredienti

- 1/2 tazza di farina per tutti gli usi
- 1 1/2 cucchiaino di pepe nero macinato
- 2 uova grandi
- 2/3 tazza di cocco in scaglie non zuccherato
- 1/3 di tazza di pangrattato panko
- 12 once di gamberi medi crudi,
- 1 dose di spray da cucina
- 1/2 cucchiaino di sale kosher, diviso
- 1/4 tazza di miele
- 1/4 tazza di succo di lime
- 1 peperoncino serrano, affettato sottilmente
- 2 cucchiaini di coriandolo fresco tritato

Indicazioni

a) Sbattere leggermente le uova in un altro piatto fondo. Mescolare il cocco e il panko in un terzo piatto fondo. Tenere ogni gambero per la coda, passarlo nella miscela di farina ed eliminare l'eccesso. Quindi immergere i gamberi infarinati nell'uovo e far sgocciolare l'eventuale eccesso. Infine, passateli nel composto di cocco, premendo per far aderire. Adagiato su un piatto. Ricoprire bene i gamberi con spray da cucina.

b) Nel frattempo, sbatti insieme il miele, il succo di lime e il peperoncino Serrano in una ciotola di dimensioni normali per la salsa. Cospargere i gamberi fritti con il coriandolo e servire con la salsa.

83. Friggitrice ad aria con gamberi al limone e pepe

ingredienti

- 1 cucchiaio di olio d'oliva
- 1 limone, spremuto
- 1 cucchiaino di peperone al limone
- 1/4 cucchiaino di paprika
- 1/4 cucchiaino di aglio in polvere
- 12 once di gamberi medi crudi,
- 1 limone, affettato

Indicazioni

a) Preriscaldare una friggitrice ad aria a 400 gradi F (200 gradi C).

b) Unisci l'olio di cocco, il succo di limone, il pepe di limone, la paprika e l'aglio in polvere in una ciotola. Aggiungere i gamberi e mescolare fino a quando non saranno ricoperti.

c) Mettere i gamberi nella friggitrice ad aria e cuocere fino a quando non diventano rosa e sodi, da 6 a 8 minuti. Servire con fettine di limone.

84. Gamberetti avvolti nella pancetta

ingredienti

- 1 litro di olio vegetale per friggere
- 32 ciascuno sbucciato e sbucciato
- 1 lattina di peperoni jalapeño sott'aceto
- 16 fette di pancetta, tagliate a metà
- 32 stuzzicadenti ciascuno

Indicazioni

a) Scaldare l'olio in una friggitrice o in una casseruola grande a 350 gradi F (175 gradi C)

b) Tagliate i gamberi lungo il tronco, quasi fino a portarli. Farcire ogni gambero con una scaglia di jalapeño, quindi avvolgere con mezza fetta di pancetta. Fissare con uno stuzzicadenti. Ripeti con tutti gli altri ingredienti.

c) Cuocere i gamberi in lotti nell'olio bollente prima che la pancetta sia croccante e dorata, 2-3 minuti. Scolare su un piatto foderato di carta assorbente prima di servire.

85. Incredibili gusci di granchio

ingredienti

- Gusci di pasta jumbo da 36 pezzi (vuoti).
- 2 confezioni di formaggio Neufchatel
- imitazione di polpa di granchio da 1 libbra
- 6 once di gamberetti cotti
- 1 cipolla, tritata
- 2 gambi di sedano, tritati
- 1/3 di tazza di maionese
- 2 cucchiai di zucchero bianco
- 1 1/2 cucchiaino di sale
- 1/2 cucchiaino di pepe nero macinato
- 1 cucchiaino di succo di limone

Indicazioni

a) Portare a bollore una pentola capiente di acqua salata e aggiungere i gusci di pasta; far bollire al dente. Scolare bene.

b) In una ciotola capiente, unire la crema di formaggio, il granchio, i gamberi, la cipolla, il sedano, la maionese, lo zucchero, il sale, il pepe e il succo di limone; mescolare bene.

c) Farcire la crema di formaggio nei gusci di pasta jumbo. Far raffreddare per almeno 2 ore prima di servire.

86. Funghi Ripieni Di Gamberi

ingredienti

- 20 grandi funghi bianchi, ammorbiditi
- 1 (4 once) può gamberetti piccoli, sciacquati
- 1/2 tazza di formaggio cremoso al gusto di erba cipollina e cipolla
- 1/2 cucchiaino di salsa Worcestershire
- 1 pizzico di aglio in polvere, o a piacere
- 1 pizzico di salsa piccante in stile Louisiana
- 3/4 tazza di formaggio romano grattugiato

Indicazioni

a) Ungete leggermente una teglia da 9x13 pollici.

b) Mentre i cappucci dei funghi si stanno raffreddando, unire i gamberi, la crema di formaggio, la salsa Worcestershire, l'aglio in polvere e la salsa piccante in una ciotola e mescolare per amalgamare bene. Versare circa 2 cucchiaini del composto di gamberi nella calotta di ogni fungo e sistemare, con il ripieno rivolto verso l'alto, nella teglia preparata. Cospargete ogni fungo con il formaggio Romano.

c) Preriscaldare il forno a 400 gradi F (200 gradi C). Scoprire la teglia e cuocere i funghi nel forno preriscaldato per circa 15 minuti.

87. Ceviche americano

ingredienti

- 1 confezione di gamberi medi cotti
- 2 confezioni imitazione polpa di granchio
- 5 pomodori, tagliati a dadini
- 3 avocado medi (vuoti).
- 1 cetriolo inglese
- 1 cipolla rossa, tagliata a dadini
- 1 mazzetto di coriandolo, tritato
- 4 lime, spremute
- 2 peperoni jalapeño medi,
- 2 spicchi d'aglio, spremuti
- 1 bottiglia di cocktail di succo di pomodoro e vongole
- 1 pizzico di sale e pepe nero macinato

Indicazioni

a) Mescolare gamberetti, imitazione di granchio, pomodori, avocado, cetrioli, cipolla rossa, coriandolo, succo di lime, peperoni jalapeño e aglio in un contenitore con coperchio; versare il cocktail di pomodoro e succo di vongole sull'insalata e mescolare. Condire a piacere con sale e pepe nero.

b) Lasciare marinare l'insalata per una notte in frigorifero; mescolate ancora prima di servire.

88. Gnocchi Di Maiale E Gamberi

ingredienti

- Maiale macinato da 1/4 libbre
- 1 tazza di crescione tritato
- 1/2 (8 once) può annaffiare le castagne
- 1/4 tazza di cipolle verdi tritate
- 1 cucchiaio di salsa di ostriche
- 1 1/2 cucchiai di olio di sesamo
- 1 cucchiaino di aglio tritato
- 1 cucchiaino di salsa di soia
- Confezione da 1 (16 once) pelli per gnocchi
- 1 libbra di gamberetti sbucciati e sbucciati

Indicazioni

a) In una grande ciotola, unire la carne di maiale, il crescione, le castagne d'acqua, la cipolla verde, la salsa di ostriche, l'olio di sesamo, l'aglio, la salsa di soia, il pepe bianco macinato e il sale e mescolare bene.

b) Mettere 1/2 cucchiaino di ripieno su ogni pelle di gnocco. Mettere 1 gambero sul ripieno.

c) Per la cottura: soffriggere gli gnocchi in una padella capiente a fuoco medio con olio per 15 minuti, rigirandoli a metà OPPURE metterli in una pentola con acqua bollente per 10 minuti; scolare e servire nel brodo di pollo caldo.

89.   Antipasto Spiedini Di Gamberetti

ingredienti

- 3 cucchiai di olio d'oliva
- 3 spicchi d'aglio, schiacciati
- 1/2 tazza di briciole di pane secco
- 1/2 cucchiaino di condimento ai frutti di mare
- 32 gamberi medi crudi
- salsa cocktail ai frutti di mare

Indicazioni

a) In una ciotola poco profonda, unire l'olio e l'aglio; sono certamente un simbolo di 30 minuti. In un'altra ciotola, unire il pangrattato e il condimento ai frutti di mare. Immergere i gamberi nell'olio, quindi ricoprire con il composto di briciole.

b) Infilare su spiedini di metallo o di legno imbevuti. Grigliare gli spiedini, coperti, a fuoco medio per 2-3 minuti o fino a quando i gamberi non diventano rosa. Servire con salsa di frutti di mare.

90. Cocktail di gamberi messicani

ingredienti

- 1/3 di tazza di cipolla Cipolla spagnola tritata
- 1/4 tazza di succo di lime
- Gamberetti medi cotti refrigerati da 1 libbra di gamberetti
- 2 pomodori medi
- 1 cetriolo tritato finemente
- 1 gambo di sedano tritato finemente
- 1 peperone jalapeño senza semi
- 2 cucchiaini di sale
- 2 cucchiaini di pepe nero
- 1 tazza di succo di vongole
- 1 tazza di ketchup
- 1 mazzetto di coriandolo
- 2 cucchiai di salsa al peperoncino
- 2 avocado

Indicazioni

a) Mescolare la cipolla con il succo di lime in una ciotolina e lasciare che sia sicuramente un simbolo di 10 minuti. Nel frattempo, mettete in una ciotola i gamberetti, i pomodori roma, il cetriolo, il sedano, il jalapeño, il sale e il pepe nero fino a quando non saranno ben amalgamati.

b) Sbatti il cocktail di pomodoro e succo di vongole, il ketchup, il coriandolo e la salsa di peperoncino in un'altra ciotola; mescolare il condimento al composto di gamberetti. Incorporate delicatamente gli avocado. Coprire e raffreddare bene, almeno 1 ora.

CARNE D'ORGANO

91.   Lingua di manzo in padella

porzioni: 2 (4 once ciascuna)

ingredienti:
- 2 lingue di manzo intere, sciacquate
- 2 cucchiai di strutto o burro
- 6 tazze d'acqua
- Condimento a tua scelta

Indicazioni:
a) È meglio cuocerlo in una pentola istantanea o in una pentola a pressione.
b) Aggiungere l'acqua e le lingue in una pentola istantanea e cuocere su "Manuale" per 35 minuti. Lascia che la pressione si rilasci naturalmente.
c) Se non hai una pentola istantanea, versa dell'acqua in una casseruola. Aggiungere le lingue e mettere la casseruola a fuoco medio.
d) Quando inizia a bollire, abbassare la fiamma a fuoco basso. Cuocete coperto fino a quando saranno teneri.
e) Eliminate le lingue e mettetele sul tagliere. Quando sarà abbastanza fredda da poter essere maneggiata, tagliatela a fette. Cospargilo con il condimento che preferisci.
f) Mettere una padella a fuoco medio. Aggiungi il burro. Quando il burro si sarà sciolto, mettete le fette di lingua nella padella e fatele rosolare per 2-3 minuti. Una volta cotto da un lato, cuocete dall'altro lato fino a quando non otterrete un bel colore dorato-marrone. Servire caldo.

92. Kebab di fegato marocchini

porzioni: 8

ingredienti:
- 8 once di grasso di rene, facoltativo ma consigliabile, tagliato a cubetti
- 2,2 libbre di fegato di vitello o agnello fresco (preferibilmente fegato di vitello), rimuovere la membrana trasparente, tagliare a cubetti da ¾ di pollice

Marinata
- 2 cucchiai di paprika dolce macinata
- 2 cucchiaini di sale
- 1 cucchiaino di cumino macinato

Per servire
- 2 cucchiaini di cumino macinato
- 2 cucchiaini di pepe di Caienna (facoltativo)
- 2 cucchiaini di sale

Indicazioni:
a) Mettere il fegato e il grasso in una ciotola e mescolare bene.
b) Cospargete di paprika, sale e cumino e mescolate ancora una volta fino a quando non sarà ben ricoperta.
c) Coprire la ciotola e conservare in frigorifero per 1 - 8 ore.
d) 30 minuti prima di grigliare, togliere la ciotola dal frigorifero.
e) Prepara la griglia e preriscaldala a fuoco medio-alto.
f) Fissare i cubetti di fegato in modo alternato con i cubetti di grasso di rene sugli spiedini, senza lasciare spazi intermedi. Mettere circa 6 - 8 cubetti di fegato su ogni spiedino.

g) Disporre gli spiedini preparati sulla griglia e grigliare per circa 8 - 10 minuti, rigirandoli spesso. Il fegato deve essere ben cotto all'interno e spugnoso quando lo si preme.
h) Servire caldo.

93. Quiche carnivore

porzioni: 8

ingredienti:
- Carne di manzo macinata da 1 libbra
- Fegato di manzo macinato da 1 libbra
- Cuore di manzo macinato da 1 libbra
- Burro o burro chiarificato o sego di manzo o qualsiasi altro grasso animale a scelta, da cuocere, secondo necessità
- Sale a piacere
- 6 uova

Indicazioni:
a) Prendi 2 piatti da torta (9 pollici) e ungili leggermente con un po' di burro o burro chiarificato.
b) Assicurati che il tuo forno sia preriscaldato a 360 ° F.
c) Aggiungere la carne, il fegato di manzo, il cuore di manzo, il sale e le uova in una ciotola e mescolare bene.
d) Dividete il composto nei 2 piatti da crostata.
e) Cuocere gli sformati di carne fino a quando non si saranno rappresi, da 15 a 20 minuti circa.
f) A cottura ultimata tagliate ciascuno in 4 spicchi uguali e servite.

94. Cuore di manzo facile

ingredienti:
- 4 once di cuore di manzo macinato
- 4 once di carne macinata
- ½ cucchiaino di sale

Indicazioni:
a) Aggiungere un cuore di carne macinata, la carne macinata e il sale in una ciotola e mescolare bene.
b) Dividete il composto in 2 porzioni e formate delle palline.
c) Conservateli in una teglia di vetro.
d) Assicurati che il tuo forno sia preriscaldato a 360 ° F.
e) Mettere la teglia nel forno e cuocere fino a quando la carne non sarà ben cotta in circa 20 minuti.

95. Torta carnivora

porzioni: 6

ingredienti:
Braunschweiger
- ¼ di libbra di spalla di maiale o lingua di manzo, tagliata a cubetti
- 10 once di fegato di maiale o manzo, tagliato a cubetti
- 2 uova sode, sbucciate
- 6 once di lardo di maiale, tagliato a cubetti
- 1 ½ cucchiaino di sale marino rosa

Per guarnire
- 6 fette di prosciutto o carpaccio
- 6 fette di pancetta

Indicazioni:
a) Prepara questo piatto 1 o 2 giorni prima di mangiarlo.
b) Aggiungere il fegato di maiale, la spalla e i cubetti di grasso in un robot da cucina e lavorare bene.
c) Versatela in una tortiera a cerniera. Coprire la padella con un foglio in modo che l'acqua non entri nella padella. Assicurati che sia ben avvolto.
d) Prendete una teglia, più grande della teglia a cerniera e versate un centimetro di acqua bollente sul fondo della padella.
e) Metti la tortiera a cerniera nella teglia.
f) Mettere la teglia insieme alla tortiera a cerniera in forno per circa 2 ore. Assicurati che il tuo forno sia preriscaldato a 300 ° F prima di mettere la teglia nel forno.

g) Estrarre dal forno lo stampo a cerniera. Fai 2 pozzetti nella padella, abbastanza grandi da contenere un uovo. Metti un uovo sodo in ogni pozzetto. Coprite le uova con un cucchiaio di carne.
h) Raffreddare e mettere in frigorifero per 1 - 2 giorni.
i) Adagiare sopra le fette di prosciutto e pancetta. Servire.

96.	Bocconcini di rene di manzo facili

porzioni: 8 (4 once ciascuna)

ingredienti:
- 2 rognoni di manzo
- Burro freddo per servire (facoltativo)
- Sale qb (facoltativo)

Indicazioni:
a) Mettere i rognoni in una pentola e coprire con acqua.
b) Metti la pentola a fuoco medio-alto.
c) Quando inizia a bollire, fate cuocere a fuoco medio-basso, parzialmente coperto.
d) Scolare l'acqua dopo 8 minuti.
e) Se preferisci, puoi sciacquare il rene in acqua.
f) Tagliare a pezzetti. Aggiustate di sale e servite con il burro se utilizzato.

97. Hamburger di manzo e fegato di pollo

porzioni: 2

ingredienti:
- 2 once di fegato di pollo
- 10 carne di manzo nutrita con erba
- ½ cucchiaino di condimento per pollame
- ½ cucchiaino di sale
- ¾ cucchiaino di coriandolo macinato
- ½ cucchiaino di pepe

Indicazioni:
a) Aggiungere il fegato di pollo, la carne di manzo, il condimento per pollame, il sale, il coriandolo e il pepe in un robot da cucina e lavorare bene.
b) Fare 2 polpette dal composto
c) Preriscaldare la griglia a fuoco medio-alto.
d) Griglia gli hamburger su entrambi i lati a tuo piacimento.
e) Servire caldo.

98. Cuori Di Pollo

porzioni: 6 (5,3 once per)

ingredienti:
- Cuori di pollo da 2 libbre, asciugati tamponando con carta assorbente
- 2 cucchiaini di pepe di Caienna o a piacere
- 2 cucchiaini di pepe o a piacere
- 2 cucchiaini di sale o a piacere
- 2 cucchiaini di aglio in polvere
- 2 cucchiaini di cipolla in polvere o a piacere

Indicazioni:
a) Preparate una teglia foderandola con un foglio di alluminio.
b) Disporre i cuori di pollo nella teglia. Cospargete le spezie e mescolate bene.
c) Assicurati che il tuo forno sia preriscaldato a 350 ° F.
d) Cuocere i cuori di pollo per circa 30 minuti.
e) Servire caldo.

99. Midollo osseo arrostito

porzioni: 4 (2 metà ciascuna)

ingredienti:
- 8 metà del midollo osseo
- 1 cucchiaio di prezzemolo tritato, per guarnire
- Pepe macinato fresco a piacere
- Fiocchi di sale marino

Indicazioni:
a) Disporre le metà del midollo osseo con il midollo rivolto verso l'alto su una teglia bordata.
b) Assicurati che il tuo forno sia preriscaldato a 350 ° F.
c) Cuocere le zucchine per circa 20 - 25 minuti fino a quando le zucchine saranno croccanti e dorate.
d) Cospargete di sale e prezzemolo e servite.

100. Patè Di Fegato Di Pollo

porzioni: 3

ingredienti:
- 4 once di fegatini di pollo, tagliati, elimina i tendini
- ½ cucchiaino di cipolla in polvere
- ½ cucchiaio di prezzemolo tritato
- Pepe qb
- ¼ tazza di burro o grasso d'anatra
- 1 spicchio d'aglio, sbucciato, tritato
- ¼ cucchiaino di sale

Indicazioni:
a) Mettere una padella con ½ cucchiaio di burro a fuoco medio. Quando il burro si scioglie, aggiungere l'aglio e mescolare per 30 - 45 secondi fino a quando non diventa aromatico.
b) Aggiungere il fegato e cuocere fino a doratura dappertutto.
c) Aggiungere il prezzemolo e mescolare bene. Spegnere il fuoco dopo un minuto.
d) Raffreddare per un po' e trasferire in una ciotola del robot da cucina. Aggiungere anche il resto del burro e il sale e lavorare fino a quando non sarà ben frullato.
e) Versare in 3 stampini. Coprite con pellicola e mettete in frigo per 4 - 8 ore. Servire freddo.

CONCLUSIONE

Grazie ancora per aver scelto The Carnivore Diet Cookbook. Spero che i piatti vi siano piaciuti e li avete trovati utili.

La dieta dei carnivori è un protocollo semplice ed è interamente a base di carne. Questa dieta include tutti i tipi di alimenti di origine animale, uova e latticini in quantità limitate. Questo non è un concetto nuovo e si crede che sia lo stile di vita naturale, seguito dai nostri antenati cavernicoli. Seguendo questa dieta, puoi ottenere tutti i diversi benefici che offre. Dalla stabilizzazione dei livelli di zucchero nel sangue all'aumento della crescita muscolare, all'aumento dei livelli di energia e all'assunzione di tutti i diversi nutrienti di cui il tuo corpo ha bisogno, c'è molto da ottenere dalla dieta dei carnivori. Indipendentemente dal fatto che si tratti dei tuoi obiettivi di salute generale o di perdita di peso, puoi raggiungerli tutti con questa dieta.

Buona fortuna e tutto il meglio per il tuo viaggio carnivoro!